# 爆炸式增长

## 初创企业如何快速累积1亿用户

[美] 克里夫·勒纳 Cliff Lerner 著　　刘文琴 译

EXPLOSIVE GROWTH

A Few Things I Learned While Growing To 100 Million Users -And Losing $78 Million

中国青年出版社
CHINA YOUTH PRESS
中青文传媒

**图书在版编目（CIP）数据**

爆炸式增长：初创企业如何快速累积1亿用户 /（美）克里夫·勒纳著；刘文琴译.
—北京：中国青年出版社，2019.7
书名原文：Explosive Growth: A Few Things I Learned While Growing To 100 Million Users – And Losing $78 Million
ISBN 978-7-5153-5599-3
Ⅰ.①爆… Ⅱ.①克… ②刘… Ⅲ.①企业经营管理—通俗读物 Ⅳ.①F272.3-49
中国版本图书馆CIP数据核字（2019）第086387号



## 爆炸式增长：初创企业如何快速累积1亿用户

作　　者：［美］克里夫·勒纳
译　　者：刘文琴
责任编辑：庞冰心　肖颖慧
文字编辑：张祎琳
美术编辑：杜雨萃
出　　版：中国青年出版社
发　　行：北京中青文文化传媒有限公司
电　　话：010-65511270/65516873
公司网址：www.cyb.com.cn
购书网址：zqwts.tmall.com　www.diyijie.com
印　　刷：三河市文通印刷包装有限公司
版　　次：2019年7月第1版
印　　次：2019年7月第1次印刷
开　　本：787 × 1092　1/16
字　　数：174千字
印　　张：15.5
京权图字：01-2018-8302
书　　号：ISBN 978-7-5153-5599-3
定　　价：49.90元

本书作者回忆了创业过程中发生的一连串诸多重要事件，细致地分享自己的亲身经历和体会。书中的观点仅代表作者本人的见解，与其他人、任何公司无关。作者不确保书中人名、时间表、日期、统计数据、指标或其他任何事实、任何信息的准确性。书中提供的建议和策略仅供参考，不一定适用于每位读者的具体情况。作者欢迎读者对本书进行评论，也会认真审阅读者提出的修改建议。本书不适合作为读者的投资指南，也不应被视为一本个人理财的参考书。

献给我的母亲和父亲。没有他们的付出、支持和信任，我不会写出这本书。

吉姆·瓦尔瓦诺（1946–1993）是美国大学生篮球运动员、教练和解说，1983年NCAA美国大学生篮球联赛总决赛中带领北卡罗来纳州立大学狼群队赢得了了不起的胜利。在结束职业教练生涯后，1992年，瓦尔瓦诺被症断出患有癌症。1993年瓦尔瓦诺在第一届年度卓越体育表现奖（ESPY）颁奖典礼上发表了著名的鼓舞人心的演讲，其中就有他的名言“不要放弃，永不放弃”（Don’t give up, don’t ever give up）。在这场演讲结束后不到两个月，瓦尔瓦诺便离开了人世。

扫码免费听
《高效能人士的七个习惯》有声书

# 目　录

CONTENTS

EXPLOSIVE GROWTH

# 致谢

首先，我想感谢“盒中书”（Book in A Box，美国人塔克·马克斯和扎克·奥布朗创立的写作平台）平台的全体员工，尤其是塔克·马克斯和扎克·奥布朗，他们说服了我来写这本书。感谢哈尔·克利福德、卡瑟琳·派德森，特别是大卫·卡西，正是他们的不知疲倦的付出才让这本书的诞生有了可能。

特别感谢我的兄弟达瑞尔·勒纳，他花费了大量时间帮本书申请版权、编辑以及校对，是这本书的幕后功臣。

但是，我最要感谢的还是相信我、愿意给“即刻互动”（SNAP Interactive，作者克里夫·勒纳于2005年创立的社交网络公司，提供在线社交服务。2018年3月12日已更名为Peer Stream，开发多媒体社交应用和商业沟通软件）一次机会的员工、投资人、朋友、公关公司、顾问、咨询师、律师等所有人，对于你们每一个人我都万分感谢。

以下是为本书诞生做出贡献的一小部分人员（所有人名均为音译）：

艾比·罗斯，亚当·卡普兰，亚当·格莱斯，亚当·汉德尔斯曼，亚当·普尔维斯，艾吉斯资本集团，阿兰·考斯特，阿兰·泰普尔，亚历山大·哈灵顿，阿里·本奈特，艾丽西亚·雷蒙德，阿琳娜·黎波娃，阿娜·铂尔曼，阿娜·勒戴斯玛，安德鲁·米特斯基，安德鲁·韦恩雷赫，阿拉什·瓦吉尔，阿里阿那·佩里，艾力克·雅克维，阿尼·欧文，阿什克·艾哈迈德，阿什利·威廉姆斯，本杰明·普朗德，柏堂德·德奈什，布莱恩·巴尔福尔，布里亚纳·阿玛托，布鲁克·汉密尔顿，布莱恩·帕克曼，拜伦·勒纳，凯特琳·麦凯布，卡特琳娜·科雷亚，凯撒·博登，克里斯·米拉布尔，克里斯·欧特兰，克丽丝·弗莱明，克里斯蒂娜·迈泰克瑟斯，克里斯托弗·奈斯特罗姆，克里斯托弗·詹金斯，克里斯托弗·米卡，克雷格·史瓦贝，塞里尔·迪库米，丹·科恩，丹尼尔·查普斯基，丹尼尔·法苏罗，丹尼尔·斯特劳斯，丹尼尔·沃顿，达瑞尔·勒纳，大卫·博基，大卫·卡西，大卫·伊文斯，大卫·福克斯，大卫·佩里，大卫·拉法埃尔，大卫·亨特曼和凯莉·亨特曼夫妇，德里克·韦伯，德瓦什·康德帕尔，戴文·库珀，德克·海库珀，德米特里·莫斯卡兰科，道格·林，埃德温·伊斯康达尔，艾伍德·科恩，伊莱娜·舒尔曼，伊丽莎白·墨菲，艾米丽·乔伊斯，艾瑞克·萨克维兹，艾瑞克·特贾登，厄尔提·赛德尔，弗兰克·杰克森，加里·布克，加文·卡斯特罗，吉奥夫·布鲁克林斯，格蕾丝·派克，格雷格·弗朗茨，格雷格·克拉梅尔，格雷格·萨缪尔，格雷格·杰克林，哈尔·克利福德，海登·维斯塔尔，海涅斯和布尼，海伦·特里奥，霍华德·卡特森伯格，詹姆斯·莫尔迪卡，詹姆斯·萨泊尔，詹米·弗拉瑟，詹那·拜吉欧，詹森·达夫，詹森·卡茨，詹森·金姆勒，詹森·马克里茨。

詹森·麦克科里阿里，詹森·茨维克，杰森·盖格纳德，杰夫·科恩，杰夫·罗森塔尔，詹·吉尔伯特，詹娜·福里德，詹妮弗·巴秀尔，詹妮弗·利特，詹妮弗·维辛斯基，詹妮·勒纳，杰瑞米·丕平，杰瑞·金，杰西卡·塔布斯，乔安娜·巴伯尔，乔伊·贾格班德，乔伊尔·米勒，琼·盖朵，琼·彼得森，乔纳森·扎拜克，约瑟夫·奥斯丁，约瑟夫·拉塞尔，乔什·艾尔曼，乔舒亚·费舍尔，朱迪·克兰戴尔，贾斯汀·米多尔，贾斯汀·罗曼，凯瑟琳·彼得森，凯蒂·兰伯特，凯拉·伊瑟拉，凯莉·波克，凯伦·勒纳，凯文·刘，金伯利·布顿，克里斯滕·塔布斯，罗拉·奥唐奈尔，罗伦·毕晓普，罗伦·伍拉塞克，莉亚·泰勒，李·林登，丽萨·秦，丽萨·杜布罗，罗尼·罗森巴姆，林恩·西蒙，林恩·勒纳，吕巴·西波维奇，麦肯锡·米尔斯，麦劳瑞·普拉海利斯，曼·洪，马克·佩里，玛利亚·塞利蒂娜，马克·布鲁克斯，马克·莱斯尼克，马特·巴尔，马特·弗莱，马修·萨多夫斯基，麦尔·伯恩斯坦和琳达·伯恩斯坦夫妇，麦尔·塔奈巴姆，梅丽莎·塔布斯，迈克尔·琼斯，迈克尔·佩特洛维奇，迈克尔·普理查德，迈克尔·舍洛夫，迈克尔·沃辛顿，米歇尔·勒文，米古尔·莫利纳里，穆鲁杜拉·沙克拉瓦西，纳扎尔·伊万尼夫，尼尔·福斯特，尼古拉斯·迪桑托，尼克·奥尼尔，尼可·亨德里克森，尼可·拉尔森，奥利维亚·林，帕特里克·里尔瑞，保罗·卡尔迪罗，保罗·马里诺，保罗·维基维奇，彼得·周，菲尔·卡尔迪罗，兰迪·肯德勒，拉森·基博乌，瑞贝卡·伊安纳科尼，丽安娜·比林顿，理查德·安斯洛，理查德·霍华德，瑞克·沃纳，罗伯特·布利斯塔，拉斯·库什曼，瑞安·法布尔，萨缪尔·古德温，莎拉·麦克克里提斯，莎拉·梅尔，肖恩·C.库里。

赛斯·戈丁，沙地·加尔曼，谢尔顿·沙龙姆，西格玛资本，史黛芬妮·博思雷，史蒂文·福克斯，史蒂文·苏洛维克，苏珊·斯瑞德吉尔，苏珊·维茨尔，泰伊·洛佩兹，泰吉·科里纳尔迪，塔诺伊·辛哈，泰迪·洛，托马斯·卡瑞拉，蒂姆·罗格斯，汤姆·奥西亚，塔克·麦克斯，黄伟进，威廉·里奇，维尔马利·苏托-吉格奈特，育静·李，扎克·奥布朗。

EXPLOSIVE GROWTH

# 前言

达瑞尔·勒纳

想象一下：你在某天早晨醒来，发现新闻里谈论的全是自己那家先前无人问津的初创公司。几年的辛勤工作始终换不到投资人的青睐，而一夜之间，你的身价却翻了十番，投资人仿佛一瞬间发现了你的成功，争先恐后地登门造访，将大把大把的钱朝你砸来。短短数周内，你只是打了几个电话就成功募集了将近1000万美元；世界上大大小小的媒体都希望能采访到你。这听起来像是做梦或看电影，对吗？不过，这个看似疯狂的故事却是百分之百的真实事件。作为"即刻互动"的联合创始人、克里夫的兄弟，我有幸亲历了上述这一切。

有些时候，你只要与一些人打个照面就能判断他们有多聪明。克里夫·勒纳就是其中之一——他是个天才。他的思维与其他人完全不在一个层面，对于他的想法，我言听计从。

2007年，当脸书（Facebook）发布了应用平台，供成千上万的用户免费使用。很多聪明的家伙利用脸书平台将营销、创新和分析以正确的方式结合了起来——克里夫便是其中之一。鉴于克里夫出色的分析师背景，他玩起了全新的脸书平台，如鱼得水。他近乎完美地对我们的产品技术进行了测试、优化和推广，在很短的时间内便为我们的产品吸引了几百万名用户，也使得我们的业务以超出预期的速度快速增长。

在经历了爆炸式增长之后，克里夫迎来了大量挑战，也不可避免地犯了些许错误。这些错误使他损失了7800万美元，但也让本书的故事更有吸引力、更加令人信服。

《爆炸式增长》讲述的不是一个一帆风顺的成功故事，也没有纸上谈兵地简单罗列一堆脱离实际的增长战略——这太简单了，任何人都可以做到。相反，在这本书中，你可以一览无余地看到我们如何巧妙地利用各种营销战略、公关技能和病毒式传播方法帮助公司累计到1亿名用户。不过，更难能可贵的是，本书展现了我们在困境中学到的教训以及爆炸式增长过程中我们的实时决策过程。

商业中的成功从不来自空想，也没有诀窍。它靠的是管理。世界上没有两条一模一样的路，每一个重要的决策都会影响和重塑企业未来的业务。我相信，这本书中提供的战略以及即刻互动发展过程中那些重要决策背后的头脑风暴过程，会帮助每一位企业家更好地管理自己的企业。

在我和克里夫一起创立即刻互动时，我们对于未来充满了信心。但即使如此，当时我也从未想到几年之后，我们俩会在纳斯达克敲响开市的钟声，《财经内幕》（美国一家财经和商业新闻网站，总部位于纽约市，在英国、澳大利亚、中国等多个国家设有站点）会对我们公司进行特写，也没有想到我们与家人在纽约最有名的牛排餐厅“彼得鲁格斯”（Peter Lugers）

用餐时会被人认出来，说我们就是“报纸上刚刚写的搞计算机的孩子”。

克里夫的创业之路绝对是一个了不起的故事！我对此十分肯定，因为我就生活在这个故事之中。

——达瑞尔·勒纳，即刻互动联合创始人，

ALLPAWS.COM（美国一家宠物收养网站）创始人

EXPLOSIVE GROWTH

# 引言

把你的人生书写成一个值得讲述的故事。

——亚当·布朗，教育慈善组织“铅笔的承诺”

（美国企业家、畅销书作家、慈善家亚当·布朗［Adam Braun］在2008年10月创立，

该组织在发展中国家建立学校，提高儿童受教育的机会）创始人

2010年12月22日，大部分公司的办公室依旧处于某种大型节日狂欢之后的恢复期——你知道的，那些让人喝了太多酒，说了很多不该说的话，事后懊恼不已的狂欢。但我的公司却是例外——即刻互动公司，在线社交应用软件Are You Interested?（简称AYI）的创造者，我们在思考着其他事情。

我不记得那天具体是几点接到了彭博新闻社（全球最大的财经资讯公

司，创立于1981年）的电话，但是对于接到电话之后的事情却记忆犹新。

刚接起电话，我就听到电话那头的记者唐突地问道："我的问题很简短，而且这么问可能有些奇怪，不过你们公司现在是不是搬到了哪家的车库里？"

我被这个不知道从哪儿冒出来的怪问题问得措手不及，"当然不是，"我解释道，"几个月前你不是来过我们在纽约的办公室吗？就在三十街和第七大道的交叉口。"我又继续向他说明，"你当时还跟我们提了各种要求来着，包括给你接触全部员工、访问数据来源的所有权限，你说你要为一篇即将出炉的文章核实一些信息。你在这儿的时候，还夸我们可能是最好的一家尚未被发现的上市公司呢！"

这位记者认可了我的说法，但还是再一次与我核实了他的问题："没错，但是我只是想确认一下，你们没有因为这种或那种原因把公司搬到了什么地方的车库里？"

"没有，我们绝对没有这么做，你为什么要这么问呢？"

"不用在意，"他向我保证，"你明天记得看新闻就行。"

那头电话挂断了，嘟声响起。一股不安而复杂的情绪涌上了我的心头——有好奇，有期待，还有不止一点点的紧张。

### 12月23日（星期四）

第二天早晨，我一醒来就立刻打开网络查看新闻。我发现彭博新闻社发了一篇深度报道，标题是"脸书网友寻求浪漫，推动应用增长"。

这篇文章写得非常好，作者毫不吝惜地夸赞我们公司，并向读者介绍了我们产品的独特性以及为了提高用户最佳体验而采用的更高标准。然而，这篇文章最扎眼的地方在于其引用了IAC公司（全称InterActiveCorp，是一家美国公司，总部位于纽约，在约100个国家和地区拥有150多个品牌，这些品牌大多集中在媒体和互联网行业。Match.com的母公司，Match.com是一个提供网上社交服务的网站，业务覆盖25个国家，提供8种语言服务）首席执行官格里高利·R. 布莱特（Gregory R. Blatt）的这段话：

> AYI就是一个给人们调情、找乐子的小产品。他们只有几个人在车库里办公，而我们公司却有几百名工程师在忙着不断扩大业务。我们的工作高度复杂，并且需要大量的数据和庞大的用户群体作为支撑。

直到现在，我还不清楚他究竟在讽刺我们公司的办公室简陋得就像一间车库还是他真的以为我们在车库里办公。如果是后者，那么他这个信息可真是太滞后了。但是不管怎样，我的心中冒出了一个很大的问号。

我应该怎样回击一位行业领袖对我们公司的无端讽刺呢？我想出了以下一些可能性：

- 我是否应该感到荣幸？毕竟苹果公司也是乔布斯从父母的车库中捣鼓出来的。
- 我是否应该奋起回击，讽刺Match.com机构臃肿，连自己用户的真正想法都摸不清？
- 我是否应该模仿电影《动物屋》（1978年美国拍摄的喜剧电影，讲述了费波学院［Faber College］叛逆的兄弟会成员们挑战院长权威的故事）里的场景，在IAC公司也为布莱特设计一场类似的恶作剧？（可惜，我公司里可没有人有能力或有一丁点儿兴趣来执行这个无聊的任务，就像约翰·贝鲁西——《动物屋》里的演员那样。）

- 或者，我是否应该表达自己无尽的感激之情？

表达感谢看上去不是一个正常的反应，但却是我最终的选择。不过，该事件的后续发展证明，我做出了正确的选择。

不管布莱特出于什么理由讽刺我们公司，重要的是AYI的时代已经来临。你看，一位行业领袖已经注意到了我们的登场，他在这篇报道里不加掩饰地攻击我们、贬低我们就是最好的证据。

在这篇报道出来之前，我们的股票一直都是一只价格低下的普通股，流动性不足，前一天的交易额甚至为零。你没看错——零交易——意思是，一笔交易也没有。但是，等到12月23日收市钟声响起时，我们的股票已经从每股0.2美元迅速上升至了每股0.5美元。这是一个值得注意的美丽小上扬——特别是造成这波上扬的是一篇新闻报道，虽然里面有对我们无伤大雅的讽刺。不过，别着急，最好的事情还在后面。

### 12月24日（圣诞节前夜）

第二天是圣诞节前夜。节日期间，股市关闭了，媒体上也没什么大新闻。估计是新闻素材太少，关于我们公司的那篇报道只能反复地出现在媒体上。其他一些大型媒体，如《洛杉矶时报》，也刊登了我们的故事。真是难以想象，千里之外的一家小技术公司居然被洛杉矶这样一个平常从不缺乏新闻的城市认为有报道的价值，但是这的确发生了。滚雪球效应正式开始。

### 12月26日（星期日）

那一年的圣诞节是一个星期六，所以12月26日那天便是星期日。这个时间点意味着，从彭博新闻社对AYI的报道以来，这是股票市场被关闭的第三天。这可以说是商业版的完美风暴：一篇夺人眼球的严肃新闻被反复报道，紧接着制造了一只冉冉上升的热门股票，但是迫于圣诞节休假，无论是新闻本身还是这只股票都没有得到进一步发酵。

### 12月27日（星期一）

12月27日是星期一。和平常一样，我来到公司上班。唯一不同的是，那天我的办公桌上贴了一张便条，上面写着美国全国广播公司财经频道（CNBC）的财经新闻王牌主播玛利亚·巴蒂罗姆（Maria Bartiromo）（人称“金钱宝贝”）打来电话，让我尽快给她回电。

起初，我不确定这真是一条电话留言还是谁在跟我开一个并不好笑的玩笑，因为没有比玛利亚·巴蒂罗姆更有分量的财经新闻主播了。当然，电话留言是真的。那一天，我打开电视浏览全国各地的新闻时，发现AYI居然登上了当天各大媒体的头版。在当天的收市钟声响起之前，我们的股票一下飙升到了难以想象的高度——每股约1.5美元。谁能想到，就在几天前，我们的股票交易量还是零，而现在仅仅用了一天时间，我们就交易了249.5万股！谁知道下面还会发生什么呢?

### 12月28日（星期二）

雪球越滚越大。我们出现在了全国各地的电视新闻中。前华尔街分析师、《财经内幕》创始人亨利·布洛杰特（Henry Blodget）在12月28日专门撰文称，虽然他尚未仔细研究我们公司，但就数据来看，他认为我们公司的前景一片光明。这说明AYI已经成了香饽饽，为了显示自己未与时代脱节，他在没有充分了解我们公司的情况下，还是要坚持对我们公司表达看法。自然，他的文章又引发了彭博新闻社和美国全国广播公司财经频道的更多播报。

### 12月29日（星期三）

12月29日，离我们接到彭博新闻社的电话还不到一周，我们的股票已经交易了360万股，增幅超过了1500%！这是多么伟大的胜利！是时候像赛车冠军一样开车绕场一周庆祝胜利了，对不对？但是，我并不这么看。此时，我的心中正盘旋着另一个很大的问号。

作为一家初创公司的联合创始人，面对一夜之间呈指数级增长的股价，我应该如何面对？再一次地，我想出了以下可能性：

- 我是否应该立刻大肆庆祝一番？先开一瓶500美元的香槟酒，然后组织一场明星云集的游轮派对，请贾斯汀·比伯（加拿大歌手）来参加。
- 我是否应该去拜访下高中最讨厌的老师，把一沓百元美钞扔他脸上，告诉他我成功了？
- 也许我应该买一辆闪亮的红色法拉利，开到某位前女友的家门前炫耀一番？当然，副驾驶上得坐着一位比索菲亚·维加拉（美国哥伦比亚裔女演员、模特）更年轻、更火辣的女孩。
- 或者，我是否只需内心窃喜一番，感叹一声：“啊，真是了不起！”然后就皱起眉头认真思考：这一切对于公司的长久发展意味着什么？

虽然有违直觉，但是我的选择不是没完没了的欣喜若狂，也不是享受荣光的大肆庆祝。对我来说，我理应为公司以及与我共同创业的伙伴们操更多的心。我担心的是，公司会被这一夜之间的巨大成功而分心。

换句话说，给贾斯汀·比伯打电话这件事从未发生过。

把钱扔在一位超负荷工作、能力卓越的高中老师脸上这件事也从未发生过。

最为遗憾的是，我也从未像《速度与激情》（美国系列动作电影，有很多街头赛车情节）里的场景那样，带着一位比索菲亚·维加拉更年轻、更火辣的女孩，开着意大利豪华跑车回家乡炫耀。

事实上，当时的我只是担心，公司十几位才华横溢、工作卖力的人——他们对于公司的成功至关重要，也和我一样，有着从无到有打造出一款伟大产品的满腔热情——会由此分心。

如果他们被成功分心，我们的创新动力便将逐渐枯竭，我们将不会比其他公司更为努力，最终我们将彻底失去方向。事实上，在那段不长的时间内，纽约三十街和第七大道交叉口的“车库”里，大家的确已经被成功冲昏了头脑。

上班时，他们一只眼睛看着工作，另一只眼睛则紧盯着股票行情。但谁又能怪他们呢？因为他们中的大多数都是主要从持有的股票中获得报酬。随着股价上涨，有些人的确已经是百万富翁——不对——拥有好几百万美元的富翁了。我们俨然成了华尔街最热门的话题。那段时间的确很疯狂，以至于我不得不禁止员工在工作时间观看美国全国广播公司财经频道以及浏览任何财经类网站。

不过，现在来看，与之后发生的事情相比，那段时间却又显得多么轻松容易。在这之后，我们的内心世界和创业之路经历了大起大落，这种经历足以考验我们意志到底有多坚定。

在创业过程中，我们抓住了机遇，经历了遗憾，最终也取得了成功。但是，最重要的是，我从中学到了很多无比珍贵的教训。这些教训将帮助我更好地前进，我也愿意将这些经验与你们分享。

第一章

# 在雷曼兄弟公司的顿悟

最后，让我们后悔的不是那些我们做过的事情，而是有些事情我们没有去做。

——无名氏

2000年我从康奈尔大学毕业，获得了应用经济学和工商管理学位。分析师培训项目一结束，我就得到了一个机会，去雷曼兄弟公司证券部一个新设立的部门工作——当时雷曼兄弟公司可是美国最热门的投资银行。人人都想去那儿工作。表面看来，对一个刚毕业、在茫茫公司中寻找出路的孩子来说，这可是一个天大的机会。

雷曼兄弟公司希望我立刻开始工作。一切都很完美，是吗？对我来说并不是。我早就计划好在毕业后与朋友们去欧洲玩两周，而且真的非常期待这个一生只有一次的机会，去看看世界，体验不同的文化，造访令人惊叹的景点。所以，带着常春藤名校毕业生的自信和天真的乐观，我就问雷曼兄弟公司是否可以在毕业后休息两周再去上班。这并不是一个过分的请求，因为参加分析师培训项目的每位被录用的新人都会在一个月之后再去上班。

很不幸，雷曼兄弟公司并不这么想。他们大概是这样和我说的："你明天就得来上班，不然我们就把你的工作给别人了。"问题是，他们刚刚设立的这个新部门当时只有一名员工，他们认为我十分适合跟他搭档，所以要我立刻去上班。突然之间，常春藤名校毕业生的自信和天真的乐观消失不见了，取而代之的是初入职场的苦涩和看清现实的凄凉。

## 初入工作，绝对没那么着急的800页

刚开始，我还存在侥幸心理，想着找机会还是要去欧洲玩一趟。但这一想法很快便被我的父母泼了冷水。受到打击之后，我便彻底打消了念头，乖乖地在他们指定的那天去公司报了到。但是，等到了办公室，我却发现自己连办公的桌子、椅子和电脑都没有。那种苦涩和凄凉的滋味瞬间又涌上心头，而且比之前还要令人难过。

还不错，他们很快给我找来了一把椅子，但是等我有了电脑和办公桌却是两个星期之后的事情了。没开玩笑吧！这两个星期，我原本可以在罗马的街道上细心地寻找世界上最好的意大利餐厅，在巴黎感受埃菲尔铁塔的庄严和美丽。而事实是，我被告知在电脑安装好之前必须逐字逐句地读

完一本800页的电子表格软件使用手册。他们肯定是知道得有一阵子才能把我安顿好。

尽管死板的报到日期给我带来了一些焦虑和不安，但我还是积极地迎接了新的工作，把提前报到的时间充分利用了起来。慢慢地，我开始感谢这段最初的缓慢热身期，因为通过熟练使用电子表格、了解行业各方面的细枝末节，我顺利地进入了自己的角色。我甚至逐渐被人们称为电子表格能手，把以前需要几小时才能完成的任务通过电子表格就自动完成了。这一能力让我在人群中脱颖而出。所以，我想这两个星期的努力并没有白费。

我在产品管理部门工作，职责包括配合所有高级产品经理的工作，阐述我自己对股票交易的看法，以及负责下午的视频调查会议——最后这项工作我十分喜欢。我得以与很多不同行业的不同分析师交谈，同时学习和观察为什么有些公司能够成为常胜将军，而有些公司则动力不足。我也很适合干这项工作，在我很小的时候，我的祖父就让我进行股票交易了。他可是华尔街的杰出人物，甚至说服了沃伦·巴菲特来购买他的投资服务。话说回来，如果这份工作晚两个星期再开始可能更适合我，但这都是“如果”的事了。或者，这样真的更适合我吗？

2005年，雷曼兄弟公司提拔我到一个重要位置，由我负责上午和下午的视频调查会议。因为上午的视频会议需要与公司旗下所有的银行分行连线，我便成了整个公司中露脸最多的那个人。当然，这也带来了一个问题，那就是我得像上门医生那样随时待命。我必须整晚盯着新闻头条，以便了解在第二天早上的视频会议上需要讨论哪些股票。结果是，我不仅要每天早晨5：30便起床把准备工作都做好，还要整晚处于待命状态。

虽然我十分喜欢这份工作，也与周围的同事相处不错，但这可不是一个二十七岁的纽约单身汉的理想生活。有一件事情让我很难过。当时我住在纽约十三街和第四大道的交叉口，马路对面就是一家生意很好的夜店。每天凌晨五点钟，我都得跟那些夜店的客人进行“搏斗”，只是为了抢到一辆出租车。不过，他们使出吃奶的力气抢出租车——借着那么点醉意或是出于什么不为人知的原因——是为了赶紧回家，而我抢出租车——因为轻度抑郁（并不是临床意义的抑郁，你知道我的意思）而显得有点沮丧——只是为了赶去公司上班。

另一件让我难过的事情是，那时候每次与女生社交，一到晚上八点半到九点钟左右，我都会频频看手表，然后打着哈欠说道：“我们度过了非常愉快的时光，但是我得回家睡觉了，因为再过几个小时我就得起床上班。”当然，我之所以这么疲惫，部分原因是当时我级别还比较低，这一点可能比我知道欧洲之行要泡汤时更让人不是滋味。

显然，我所做的并不能满足我期待的创新，我对改变世界的热情，我对旅行的热爱。灵感来的时候很奇怪，有时候源于经典和漫画的杰作Office Space《上班一条虫》，或者一个重要的夜晚。

如果您还没有看过，Office Space是一部精彩的电影，讲述的是不堪忍受乏味工作的彼得·吉布森在被催眠后一反常态反抗公司规定的故事 。

## 电影《上班一条虫》给我的启发

有一天我在看电影《上班一条虫》，电影中的男主角彼得与他的医生和妻子有一场对话。正是这场对话让我突然产生了顿悟。彼得暗自厌恨着自己的妻子，倒不是说他的妻子对他不好。归根结底，他对妻子的厌恨还是因为自己的工作。电影中，他对医生大概这样说道："打从上班那天起，我真是一天过得比一天糟糕。"听到这话，医生便反问他："那今天呢？你是说迄今为止，今天是你人生中最糟糕的一天？"彼得平静地告诉他，没错，今天就是他人生中最黑暗的一天。

虽然我从未体会过彼得这样绝望的心情，但我发现，我和彼得的处境十分相似。我想成为自己的老板，而且上帝可以作证，我真的喜欢旅行。随着年龄慢慢增长，看着时间飞逝，我想要做出改变的想法日益强烈。最重要的是，我想掌握自己的命运。但是我必须从长计议，先做好今后的打算才能辞职。

当时，我办公的位置（这时桌子、椅子和电脑都已经一应俱全了）恰好就在两位漂亮的女同事之间。下班后她们往往要约客户见面，聊一聊最近的企业战略或股票行情，回头再与本公司的销售人员分享。这两位女同事都是单身，我注意到她们俩白天经常登录Match.com。

她们如果当天晚上要见客户，那么白天就会穿着最好看的衣服来上班，为的是给客户留下一个深刻的好印象。但客户常常会取消会面，这样她们晚上就没有了安排，这时她们就会登录Match.com，想找个人共度浪漫的夜晚。但是，这家网站却无法满足她们的这一愿望。那时，在网上给自己找个社交对象是一个漫长而枯燥的过程，而且通常包含以下步骤：

1. 在搜索框内输入自己对社交对象的要求，这时搜索结果中就会出现无数条用户档案。

2. 如果你看中了某个人，那么就给对方发一封电子邮件。

3. 如果幸运的话，对方会回复你的邮件。但是，对方回复的概率就跟抽到旺克巧克力里的金券（出自美国电影《欢乐糖果屋》，电影中贫穷少年查理因为抽到了旺克巧克力中的五张金券之一而获得了参观巧克力工厂的机会）一样难得。

4. 在接下来几天里，你们会互相发几封邮件。

5. 如果一切顺利，你们没有说过什么蠢话或发过什么不雅的照片（男人这么做的频率远超大多数人的想象），你们就会计划在几天之后进行电话沟通。

6. 几天之后，电话响了，你们在电话里聊了一个小时，寻找双方共同的兴趣爱好。顺利的话，你们就将在下一个周末安排一次社交。

由此可见，为了找个人一起喝杯咖啡或打场迷你高尔夫球，人们得花上多长的时间！把所有情况考虑在内，寻找社交对象的过程通常要花费好几天时间——更多的情况是好几个星期。在线社交行业的不足给用户带来了极大的痛苦，而我在飞快地思考着如何对此进行创新。

## 同事带来的启发

如果我那两位聪明又漂亮的女同事在客户取消会面后连给自己找个社交对象都办不到，那么这就意味着其中必定存在着某种用户需求，而我们必须要想办法满足这种需求。就在这时，我终于想出了那个能让我做出改变、实现梦想的好主意！

我可以为忙碌的职场人士建立一个在线社交网站。毕竟，这些职场人士可没有时间为了找到一个社交对象而花费几天或几周的时间来写邮件。

### 爆炸式增长小贴士（EXPLOSIVE GROWTH TIPS）

我将本书的重要内容以“爆炸式增长小贴士”的形式总结了出来。你可以在社交媒体上通过账号@ExplosiveGrowthCEO和标签#ExplosiveGrowthTip进行查阅。此外，我还设计了一套《爆炸式增长小问卷》，帮助你检测自己的公司是否做好了爆炸式增长的准备。请登录http:www.Explosive-Growth.com/Quiz了解问卷更多内容并答题。祝你好运！

# **爆炸式增长小贴士1：**找出一件人们做起来很困难的事情，然后想办法解决这些困难，帮助人们以更简单的方式（比原来简单十倍）实现同样的目的。你的产品可以做到吗？

想明白之后，第二天一大早我就走进了老板的办公室，告诉他我准备辞职。他听了十分生气，开始对着我咆哮：“你是不是疯了？我们刚刚才提拔了你！”我依旧把辞职信递交给了他，然后走出了他的办公室。他一直对我视而不见，直到我离职前的最后一天。当时，他已经完全气得口不择言了：“你是认真的吗！你不能就这么走了！你对公司还有没有一丁点儿的忠诚？”

出于某些原因（大概是怕他气得血压飙升，脑袋爆炸），我同意再多留几个星期，帮他带带新人。

在我延期离职的这段日子里，他不停地斥责我，逼问我为什么要离开。我告诉他，我想自己创业，也想有点时间去旅行（他听了一定感到十分惊讶）。在他问了同一个问题无数次之后，我终于忍无可忍，直接跟他说，我得先休息6个月，然后才能稍微考虑下是否再次为他工作。其实，我觉得这6个月可以给我足够多的时间来追求自己的事业，并且看看自己能走到哪一步。但是，我并不准备把这个想法告诉他。

又过了几个星期，终于到了离职前的最后一天。我向大家告别，与同事一一拥抱，收拾办公桌。在离开之际，我的老板为挽留我孤注一掷地做了最后一搏。

“好吧，”他说道，“我和上级已经汇报过了，我不准备放你离开。这儿有一张纸，把你想要的都写在上面。”我拿起笔平静地写道：“6个月的假期。”为了刺激他，我把每个词都用大写字母写得清清楚楚。果然，这一举动成功地再次激怒了他。他把我写的东西读了一遍，然后开始大声咒骂，气得把自己的手机都砸到了墙上，“你给我滚出去！我本打算给你涨一大笔工资，上级也同意了，但是现在我会想尽办法保证你在华尔街找不到第二份工作，这是我说的！”

哎，我在雷曼兄弟公司的“任期”就这样结束了，并且之后再也没和他联系过。离职后不久，我就搭上了飞往欧洲的航班，在那儿好好玩了几个星期。

## 启动资金翻一番

在与一些企业家和朋友交谈之后，我学到了很多关于创业的知识。我发现，大部分人在创业时总会犯一个常见的错误，那就是过于低估创业所需要的资金。

例如，创业时，你认为公司要正常运转12个月需要花费10万美元。但是，你有没有想过，如果公司成立6个月后，你并没有一下获得成功，这时你应该怎么办？换句话说，你没有给自己留下缓冲余地，让公司在剩余的6个月中有足够资金运转。此外，如果在剩下的6个月中资金紧张，你也无法集中注意力，因为你在拼命拯救公司的同时还可能不得不接受创业失败的可能，继而分心去给自己找下一份工作。这样，无论是拯救公司还是找工作，你做起来都会非常吃力。要是这两样事情你都做失败了，那你真的只能去睡马路了。

我不想让自己陷入这样的焦虑之中，也不想这么早就分散我的创业注意力。所以，无论我的创业预算是多少，我就在此基础上直接乘以2。幸运的是，有了在雷曼兄弟公司工作的经历，我学到了很多关于股票交易的知识。我建立了一个股票交易系统来炒股赚钱，维持我最初创业那几年的生计。这是一个自动的量化交易系统，简单又好用，它让我在创业后最初的三年半时间内可以不用给自己发工资。

# **爆炸式增长小贴士2：**无论启动资金需要多少，把这个数字翻一番。

# **爆炸式增长小贴士3：**做最糟糕的打算，并对这个最坏情况做好应对的预案。你会发现，真正的情况很少会像你设想的那样糟糕。你制定好最坏情况的应对预案了吗？

## 爆炸式增长小贴士（EXPLOSIVE GROWTH TIPS）

未知的恐惧具有破坏性力量。它让人们总想着如何去逃避恐惧，从而无法做出正确的选择。与其如此，我们不如明智地尽早做好准备。未雨绸缪的办法之一就是列出所有可能出现的问题，并且针对每个问题写出解决方案。

这么做实质上是让你在问题真正发生之前先在头脑中把每种可能出现的情况、每种场景预演一遍。如果某个问题发生了，你当然还是会很沮丧，但是你绝对不会再那么害怕了，因为你已经对问题的出现做好了充分的思想准备，也知道该如何去应对。因此，一旦问题出现，你不会惊慌失措，只要直接启动应对方案就行。通过这种方法，即使在创业中出现了这样或那样的困难，你也不会常常一身冷汗地半夜惊醒了。

我的兄弟达瑞尔创立了一家十分成功的公司，叫做AllPaws，我在之后的章节中会再详细介绍。在创业过程中，他的公司便遇到了资金不足的问题，他不知道自己是否能够成功募集到更多资金，也不知道是否可以成功将公司卖掉。好在他对这一情况早有准备，直接启动了事先准备好的应对方案。

达瑞尔的应对方案十分详细，里面列出了各种可能出现的“世界末日”以及针对每种“世界末日”情况的行动计划。其中一种“世界末日”情况便是，如果剩下的资金还能维持公司运转一个月，他应该怎么办。对此，他列出了以下行动方案：

- 可以把数据库卖给哪些公司？
- 哪些供应商可以提供打折的或免费的服务？
- 可以与哪些合作伙伴对收益分成协议进行重新谈判？

他知道，这些措施不一定都很有力，但是一旦问题出现，他手边至少有了一本现成的战术手册。不管发生什么问题，他只需要把这本手册拿出来，按照上面写的去做就行，而不会被忧虑、压力和沮丧等情绪击垮，在这种关键时刻，他最需要的是保持一颗清醒的头脑。在事先准备好这样一本战术手册后，那些可能出现的问题就没那么可怕了，他不会再扯着头发抓狂：“天哪！如果还没有人尽快出价，我们就会没钱了，到时候我们可就完蛋了！”谢天谢地，这种情况并没有出现。最终，达瑞尔接受了一位行业领袖的出价，成功地为AllPaws找到了买家。

## 创新基于不断地尝试

达瑞尔和我共同创立了eTwine控股公司。幸运的是，我们各有所长，这为我们创业提供了便利。达瑞尔拥有扎实的法律背景，而我在华尔街工作过很长一段时间，这使我们可以有能力以自助注册的方式让公司上市。很少有公司可以这样做到，因为这并不是一个有担保的首次公开募股——也就是说，我们没有从金融机构那里募集到大量资金。要想成功上市，你必须有充分的法律和会计知识。

从欧洲回来后，我就和达瑞尔开始为公司上市做一系列准备工作——建立网站、使网站运行、获取用户以及创造收益。做好这些准备工作之后，我们一共花了5个月左右的时间才使公司顺利上市。

## 网站最初的名字：IAMFREETONIGHT.COM（IMFT）

我们网站最初的名字叫IAmFreeTonight.com（字面意思是“今晚我有时间”），目标是让用户可以轻松十倍地通过网络找到社交对象。他们不再需要花几天或几周工夫来回发邮件，只是为了找个人社交。取而代之的是，他们只要回答几个简单的问题，比如喜欢在何时何地与何人做何事，接着就可以进行快速搜索，寻找周围有哪些单身人士符合他们设定的要求。

在用户回答了上述基本问题之后，我们便会给他们发送邮件，里面是一些与他们兴趣爱好相似、时间空当相同的单身人士的个人档案。例如，我在回答问题时是这样填写的：我本周六晚上有空，希望在晚上8：00与一位年龄在二十五岁到三十五岁之间、住在曼哈顿的女士一起观看一场音乐会。这些标准被输入系统后，符合要求的所有女士的个人档案就会被发送到我的电子邮箱中。我们希望通过这种方法让我们网站的社交服务大大快于其他网络平台。

我对这个产品自信十足，因为它可以将用户可以用来社交的时间标记出来。这个功能十分独特，一定会大受欢迎。毕竟，一个在线社交网站的核心价值就是帮助单身人士找到社交对象，如果与其他网站相比，我们能让社交的过程快上10倍，我想这一定会成为一个热门网站。

## 网上社交的顾虑和尴尬

2006年，当时网上社交还是一个新鲜概念，很多处女地尚有待探索。虽然这一行业发展迅速，但是存在着大量的障碍，影响了该行业的发展。其中，最大的两个障碍便是人们的顾虑和尴尬。

首先，出于人身安全考虑，人们往往害怕与网上认识的陌生人见面。而且，总体来说，在网上寻找社交对象毕竟让人有些难以启齿，人们很容易为此尴尬——没人愿意承认自己在网上找人社交。

其实，我觉得安全方面的顾虑是完全没有必要的，因为按照传统方式，人们在酒吧认识的社交对象也完全是陌生人（而且还没有事先在网上互相做过自我介绍）。至少，网上社交还能在网络上留下痕迹，比如社交对象的IP地址或电子邮箱地址等。但是，如果人们在酒吧里随便找个陌生人搭讪，他们便根本没有办法了解对方究竟是谁。

这大概有点像人们对待网约车司机的态度。现在，媒体上经常可以看到优步或来福车（优步［Uber］和来福车［Lyft］都是美国的移动打车应用）司机经查是被十几个州通缉的要犯，或者他们闲来无事就以折磨小狗为乐之类的新闻。其实，普通出租车司机里的败类也并不少，甚至比前者还要多。

将网约车与暴力行为画等号是没有道理的。同样，我认为人们也没有理由用异样的眼光看待网上社交。但是，我的看法并不重要——我们必须要解决这个问题。为了消除人们对网上社交的担心，我们特意为产品开发了一项新功能，那就是“约伴”服务。

## 主流宣传与引流

“约伴”是指用户可以将自己的朋友添加到自己的个人资料中来，组成一起社交的小伙伴，也就是“约伴”，表明自己愿意与朋友一起组团在网上寻找对象社交。组团成功后，他们便可以查找其他的约伴进行社交。这是一个十分简单的办法，但可以在很大程度上减轻人们对在线社交最大的顾虑之一——人身安全，因为当你与朋友结伴赴约时，自己的人身安全就有更多的保障。同时，约伴功能本身也可以帮助网站扩大用户数量，因为人们添加约伴的前提是他们的朋友也得成为我们的用户（必须要注册账户）。

Match.com和Yahoo! Personals（是美国雅虎公司旗下的网上社交网站，曾经拥有超过一千万用户，2010年7月21日停止服务，被Match.com合并）是当时最大的两个交友网站，但是它们都没有什么特别之处。作为初创企业，我们一方面没有大量资金可以使用，另一方面又要想办法实现更加快速的增长。而约伴服务正是让我们实现快速增长的独特功能。有了约伴服务，我们成了第一家真正意义上着手消除网上社交潜在风险的公司，这个问题在当时十分突出。

“约伴”功能一经引入便成了一些主流媒体竞相报道的话题。《今日美国》(《今日美国》[*US Today*]是美国发行量最大的日报)专题报道了我们公司，我们还上了《麦克与朱丽叶早间秀》(《麦克与朱丽叶早间秀》[The Morning Show with Mike and Juliet]是美国福克斯电视台的一档早间秀节目，已在2009年6月结束了最后一场节目的直播)，甚至当时著名的《杰拉尔多脱口秀》(杰拉尔多[Geraldo Rivera]是美国律师、记者、作家和脱口秀主持人)也对我们进行了介绍。《杰拉尔多脱口秀》的制作人认为我们的网站十分适合经常出差，感到孤单，同时寻求爱情的商务人士。因此，那期《杰拉尔多脱口秀》全部是在纽约的联合广场拍摄的，他们切入的角度为——我们的网站赋予了商务人士的“片段时间”新的意义。这其实并不是我们想要的角度，但是这期节目还是对我们起到了很大的宣传作用。

尽管“约伴”服务让我们尝到了一些成功的甜头，也引起了媒体的广泛关注，但是这一功能并没有像我们预期的那样使我们的用户快速增长。原因是“约伴”服务的前提是要求用户添加他们的朋友，因此它迫使用户向朋友暴露了他们在使用在线社交网站的事实。很多用户还没有做好说出实情的准备，因为当时的网上社交还是一件让人难以启齿的事情。

### Tinder Social，或者说“约伴”服务2.0

在“约伴”服务投入使用十年之后，Tinder成功运行了Tinder Social功能。该功能与“约伴”服务的概念如出一辙，用户可以在Tinder原始模式(用户之间互相搜索)和Social模式之间自由切换，后者可以使一个用户群搜索附近的另一个用户群，约着见面。这真是一个好主意——要是我能想到该有多好。不对，等一下，这个主意我早就想到过！时机——而不是时间的早晚——才是成功的关键。

\# **爆炸式增长小贴士4：**如果时机不对，无论你行动有多早都没用。你过去有没有什么想法、产品或产品功能因为行动太早而失败了？也许现在就能做成功。

## 成功阶段助力器领导会研发

Tinder是一个基于地理位置的移动社交软件，特征是用户可以通过在手机屏幕上滑动（向左表示不喜欢，向右表示喜欢）对其他用户评价，如果双方彼此喜欢，则可以相互交流。Tinder Social是Tinder应用里面的一个功能，用户可以与朋友组队，就和本书中的“约伴”服务功能一样。2017年8月，Tinder已将Tinder Social功能从应用中移除。

了不起的人会随着时间流逝而变得更加了不起。

——杰森·盖格纳德，《大师讲坛》创始人

2012年，杰森·盖格纳德（Jayson Gaignard）开始在加拿大多伦多举办晚宴，每次邀请一些企业家参加。后来晚餐会演变成了规模更大的演讲会议形式，也就是《大师讲坛》（Mastermind Talks），由企业家就健康、财富、自我提升、社交等话题发表演讲。

我们是如何想出“约伴”服务、“几分钟搞定网上社交”等独特概念的？答案是“人才”。我和我的兄弟十分尽职地各司其职，但是在那段至关重要的时期，为公司的快速成长起到了关键作用的是我们早期雇用的员工。

其中一名员工叫吉姆·萨普尔（Jim Supple），他原本在华尔街有一份十分像样的工作，但是和我一样，他本人有志于创业，并且在以前工作中认识了我的家人。最重要的是，他相信我们，一开始为我们工作时只拿股票作为报酬——因为我们也没有其他方式可以发得起他的工资。

在我们早期的成功中，吉姆扮演了重要角色。他不仅为我们提供了他的见解和专长，可以说，他的工作无所不包。尽管我们雇用吉姆是让他担任财务部门主管，但是只要是对公司有帮助的事情，只要是能让公司省钱的事，他都愿意去做，连搬家具、刷墙也不例外。他的勤奋对于一个资金有限的初创企业来说是至关重要的，他乐观的态度、优秀的职业道德为正在成长的年轻团队奠定了基调、指明了方向。

在获得用户、赚钱之前，我们得先找一家网站开发公司按照我们的要求设计出网站并让网站运行起来。在得到一些推荐之后，我们选择了一家公司，该公司指派了一名工程师来负责我们的项目。我清楚地记得，这家公司的办公室就在一个老旧的意大利面食工厂的地下室里。虽然环境看上去有点古怪，但是这家公司还不赖——虽然他们给我们的第一印象并不是这样——他们最终把我们的项目做得很成功。

一开始，不知出于什么原因，他们一直交不出我们网站的初样——每次催，他们总是说“我们正在做，正在做。”自然，这让我们开始有点焦虑。三四个月之后，我们终于看到了小样。当时，我们都十分激动。

在精心策划、周全实施、慎重地投入了时间和金钱后，我们终于有机会看一看我们的网站究竟长什么样——结果，他们就给我们演示了网站如何登录、如何退出。仅此而已。他们花了三四个月时间就给我看了登录网站、退出网站——别的什么都没有。也许他们觉得自己对登录和退出的设计太好了，于是又给我们演示一遍！所以，和任何一个满脑袋想法、着眼长远的创业团队一样，面对这种情况，我们恐慌了。

我们和这家公司认真交流了我们的期望，因为，老实说，我们压根儿不知道这个网站小样究竟是好是坏。但是，我们能肯定，要是这个小样算好，那我们就全完蛋了。还算幸运，他们答复我们道："等一下，我们公司有个人，我们觉得他的工作出色很多。"就在那时，他们把一颗捂在手里的宝石——麦克·舍尔洛夫（Mike Sherov）带到了我们面前。麦克一手创建了IAmFreeTonight.com，后来更是打造了我们的脸书应用。他是我们的核心员工，在很多方面都起到了不可替代的作用。之后，他成了我们的全职员工，担任首席研发工程师和技术总监，与我们共事了七八年。

麦克成了我们的救世主。如果没有他的领导力和研发能力，谁知道我们公司会在这一重要的成长阶段面临何种灭顶之灾。团队就是一切，但是团队中的精英可以决定一切。如果你是一个体育迷，那就应该明白我以下类比的意思：

- 如果没有迈克尔·乔丹和斯科蒂·皮蓬，芝加哥公牛队还能在1995–1996赛季中取得辉煌吗？（在1995–1996赛季中，芝加哥公牛队在82场常规赛中取得了72胜，球星迈克尔·乔丹和斯科蒂·皮蓬发挥了不可磨灭的作用。）
- 如果没有比尔·比利切克和汤姆·布拉迪，新英格兰爱国者队还能在2001–2017年中赢得5次超级碗冠军吗？（自2000年比尔·比利切克执掌新英格兰爱国者队以来，他和四分卫汤姆·布拉迪率领球队8次打入NFL年度冠军赛超级碗，并15次获得美联东区冠军，使爱国者队成为美国国家橄榄球联盟［NFL］历史上最成功的球队之一。）

如果没有马克·梅西埃、保罗·科菲和维恩·格雷茨基这些核心球员，埃德蒙顿油工队在20世纪80年代还能称霸一时吗？（加拿大阿尔伯塔省埃德蒙顿市的一支职业冰球队，20世纪80年代，油工队5次拿下NHL最高奖项斯坦利杯，因此这一时期的油工队被冰球名人堂授予“王朝”地位。马克·梅西埃、保罗·科菲、维恩·格雷茨基都是这一时期的核心球员。）

一个优秀的团队可以让你走得更远，但是团队中的精英可以帮助你渡过最困难的阶段。如果公司创业初期没有吉姆和麦克的加盟，我怀疑公司是不是会在以后取得一个又一个成功。事实上，我几乎可以确定，这个答案是否定的。

# **爆炸式增长小贴士5：**元老级员工将会奠定公司的文化基调。尽快网罗精英人士并慎重起用。你能确定最近招聘的几位员工适合贵公司文化吗?

第二章

# 初创企业获得第一批用户后的发展瓶颈

就我所知，失败几次并不重要，你只需要成功一次。

——马克·库班（Mark Cuban），美国商人、投资人、作家、电视名人

在核心团队的辛勤工作下，2006年11月，IMFT终于上线了。我们获得了第一批用户。因为资金有限，我们觉得当时的增长速度还能接受。但是，我要学习的事情还有很多。

## 网络效应

在拥有了一定用户基础后，我们认识到了网络效应之于在线社交网站的价值——用的人越多，产品的价值越大。例如纽约一位女性在一个在线社交网站进行了注册，这让她一方面成了别人搜索的对象，另一方面也让她有机会与很多其他用户进行网上社交。试想一下，如果你的脸书、领英（全球最大的职业社交网站）或其他社交网络账户上只有为数不多的几个朋友可以交流，那么这些社交网络对你还有多大的用处呢？

对于在线社交网站来说，网络效应显得更加至关重要，因为只有当用户发现他们可以与成千上万个网友进行互动时，这个网站才会显示出价值。当一个男生或一个女生注册了IAmFreeTonight.com时，我们网站就诞生了一个新的用户档案。其他用户可以查看这位新用户的档案，兴许还可以把他或她约出来见面。

网络效应也会影响在线社交网站的寿命。如果一个在线社交网站的用户基础无法增长，那么该网站所有的用户档案与6个月之前相比不会有两样，因此，用户便不会从这样的在线社交网站中看到价值，毕竟能与他们配对的也就那么多人。这样，人们就不会继续使用该网站了。

我认识到，无论我的网站有多么独特，如果我不能获得大量的注册用户，一切都是白费的。我要激发人们的兴趣，制造热点话题，多搞一些宣传活动。我们需要的不是几千名用户——我们需要的是在几千名用户的基础上乘以100倍，甚至更多。但是，因为当时人们对于在线社交总是讳莫如深，所以这看上去几乎是一件不可能完成的任务。

为什么在线社交网站需要如此多的活跃用户才能成功呢？其实道理很

简单。如果我们有10万活跃用户，假设他们平均分布在美国的每一个州，那么当一个用户根据年龄、性别和所在地进行筛选时，他可能只能搜索到不超过一百个用户档案。如果他进一步根据身高、身材类型、民族等标准进行筛选，那么他可能只能搜索到几个用户档案。在线社交网站的创始人一般不会认识到这个问题，因为他们严重低估了让网站为用户不断创造价值所需要的活跃用户的数量。

这也是那些市场领袖的产品很少有改进的原因。在每个细分市场上，一般是“赢者通吃”的景象。因此，Match.com，eHarmony（美国最大的婚恋交友网站之一，专门致力于促成以结婚为目的的交友关系），PlentyofFish.com（一家在线社交网站，在加拿大、英国、爱尔兰、澳大利亚、新西兰、巴西和美国十分受欢迎，总部位于加拿大温哥华。2015年7月14日，该网站被Match.com的母公司Match Group收购），Jdate（一家为犹太人提供在线征婚交友服务的网站）等网站在各自的目标市场上称霸了十多年。尽管每天都有初创企业不断推出新的、吸引眼球的、性能更好的网站，但是这些网站很少能吸引到用户，因为这背后有网络效应在发挥作用。赢者通吃让市场领袖拥有大量的用户基础，这使得它们的统治地位几乎无法被取代。

另一方面，虽然我们成功推出了约伴服务以应对人们对安全的考虑，但是网上社交依旧让人觉得尴尬。那么，既然这个行业的用户对自己使用在线社交网站讳莫如深，那么我们该如何提高用户数量呢？就这个问题，我学到了很多宝贵的营销和盈利经验。

## 五万美元打水漂

一位资深的夜店营销商说他们有办法可以帮我们网站源源不断地获得新用户，不过需要我们花五万美元办一次春假推介会。我们都很心动，如果通过一次活动就能向几千名核心目标用户推销我们的网站，从而使我们的用户数量激增，那我们又何乐而不为呢？

这场推介会在基维斯特岛（美国佛罗里达州最南端的岛屿和城市，是著名的旅游城市，被誉为“日落故乡”）举办，几家直升机在天空盘旋，向下方的人群抛撒宣传单，同时还在空中画出“IAmFreeTonight.com”的字样。地面上，比基尼女郎在人群中穿梭，四处发放宣传单。

这是场声势浩大的推介会——或者说营销“闪电战”，通过一场大型活动获得指数级增长的用户。但是，结果令人心碎，这场活动给我们带来的用户增长为零，一个大大的零。没错，我们五万美元投资的回报率是零，一位新用户都没有。哪怕没有取得康奈尔大学学位，我也知道这钱花得太不值得了。

\# **爆炸式增长小贴士6：**学会用最少的时间、最低的投资来验证你的创业想法。你有一个低成本验证方案吗？

**爆炸式增长小贴士（EXPLOSIVE GROWTH TIPS）**

我们花了一些时间从那场耗资惊人、杀伤力巨大的营销闹剧中缓了过来，之后重新思考如何让用户数量不断增长，毕竟时间不等人。

我们知道如何吸引大量媒体报道，毕竟我们已经上过了《杰拉尔多脱口秀》和《麦克与朱丽叶早间秀》这类节目。但是对于如何在短时间内让大量用户注册我们的网站，我们仍然没有头绪。这时，我们便另辟蹊径，思考如何利用媒体报道让用户大量涌入。也正是在这时，我们发现了一门名为“新闻劫持”的艺术，就是将自己的广告内容植入到热点新闻事件中去，从而让自己的广告内容得到广泛报道并提高广告内容在社交媒体上的讨论热度。

## 新闻劫持的效用：大学生篮球赛

找一个热点新闻，加入一点自己的内容，糅合成一个看似为无稽之谈的故事，你得到的将是一场大型的公关活动——这就是新闻劫持的标准配方。

我们第一次应用新闻劫持并尝到它的甜头是在2007年。当时杜克大学蓝魔队在美国全国大学生体育协会（NCAA）男篮联赛中输掉了第一场比赛。虽然那年杜克大学实力并不强劲，但是止步首场比赛还是让人大跌眼镜，因为杜克大学通常能在联赛中走得很远。蓝魔队对这一结果也十分震惊，杜克大学的往届校友和应届学生更是感到十分沮丧。

于是，我们顺势利用了这条新闻，通过自己的公关制造了一些争议话题，成功将大众的目光聚焦到我们网站上来。我们公关发布的新闻是这样的：联赛失利令杜克大学的学生极为震惊，垂头丧气，于是他们纷纷涌入在线社交网站进行疗伤（痛苦时，人们总是希望有人陪伴）。同时，我们也附上了相关数据加以印证。

大约一周以后，我们收到了杜克大学校报《杜克纪事》发来的一封电子邮件，请我们提供关于杜克大学学生网上社交的更多数据。对于我们公关发布的新闻，他们进行了跟踪报道，并很快成了杜克大学校园里的热门事件。接着，这篇报道在全国各地被纷纷转载，使得《杜克纪事》又在一周后刊发了一篇新的报道。他们采访了一名自称是统计学专业的女学生，她声称自己深谙统计学中的干扰因素，并认为校篮球队失利与网上社交之间绝对没有任何关系。这让我乐开了怀。

这一新闻劫持事件的扩散效应出人意料，因此我开始思考如何可以更进一步地深挖这条新闻。我希望继续保持这种积极的势头，所以我尝试联系了杜克大学名人堂篮球教练，问他是否注意到球员们存在沮丧情绪。很不幸，（但也在意料之中）我没有接到他的任何回复。不管怎样，这一事件成为如此热门的话题清楚地说明，我们找到了正确的方向。

## 错误的用户群体

杜克大学在2007年NCAA男篮联赛中的差劲表现和布兰妮不走运的曝光照片为我们在短期内获得了知名度。通过新闻劫持，我们拥有了一批初始注册用户。但是随着新闻热度慢慢消退，网站的活跃度又恢复到了平常不温不火的水平。我们还是没有找到长期的解决方案。营销活动带来的用户活跃度并不高，我们唯一的收获就是他们在注册账户时会注明加入我们网站的原因：

- “在TMZ上看到了这家网站”
- “在电视节目上看到的”

- “在新闻上看到的，想尝试下”

从这些信息中，我们知道这些人不会是我们的长期用户，但是我们依旧不知道如何留住用户。这对我可谓是当头一棒，我知道我得采取行动了，并且越快越好。公司的资金越来越少，而我们挖空心思利用新闻劫持获取的几千名用户远远不够。公司要生存，必须要有几万、几十万的活跃用户。

这时，自我怀疑开始在我心里逐渐发芽。我总以为，只要我做出一个好网站，解决了用户体验中的痛点问题，自然就会吸引到用户。事实证明，虽然我这么想没错，但我还是忽视了一个致命问题：我们无法吸引到生存所需的海量用户。这时，我转而考虑一个被称为“紫色奶牛”的问题。不幸的是，我并没能立刻找到属于我的那头“紫色奶牛”。

# **爆炸式增长小贴士7：**一小部分狂热用户比几百名甚至几千名不活跃用户要重要得多。狂热用户会将你的产品口口相传，进而促进用户增长。同时，他们还会及时提供反馈意见，帮助你的产品更新迭代。你是否拥有至少二十位狂热用户，或者已有计划获取他们？

## 那是一头紫色奶牛吗

赛斯·戈丁是一位营销天才，他写过一本书，书名叫《紫色奶牛：从默默无闻到与众不同》。在这本宝书中，他描述了“紫色奶牛”这一概念：

“几年前，我和家人在法国度假。我们开着车行驶在高速公路上，沿途是风景如画的草地，让人沉醉。草地上，几百只奶牛在吃草，我们仿佛置身于童话故事里。开了几公里，我们一直把眼睛紧盯着窗外，惊叹于风景的美丽。”

“但是不到二十分钟，我们就开始忽视草地上的奶牛。不断有新的奶牛出现，但是它们和之前的奶牛并无两样，曾经令我们惊叹的事情现在却显得十分普通。甚至连普通都算不上，因为这已经令人乏味了。”

“奶牛看久了，你就会觉得无聊。不管这些奶牛有多么完美，多么有魅力，性格多么温顺，毛色多么光亮，它们只会令你感到无趣。”

“这时，忽然出现了一只紫色的奶牛。那你的注意力一下就被它吸引住了。”

“紫色奶牛必须是与众不同的。”

这个故事的寓意是，我们的产品必须做“紫色奶牛”——与众不同，令人激动，鹤立鸡群（有引人关注的品质）。产品必须是独特的，卓越的，没有其他产品可以与之媲美的，让人津津乐道的。

我觉得IAmFreeTonight.com是一个很好的概念。但很显然，它还不够独特到可以做一头“紫色奶牛”——也许是一头淡蓝色的奶牛，但是绝对不是显眼的紫色奶牛。没有人会惊掉下巴，大叹一声：“天哪——有了这个网站，我再也不用花好几天才能搞定一次社交了！现在几分钟就够了！”

事情发展到这一步，可以看出，我们有些擅长的东西，比如一个独特的产品、制造新闻话题的能力等。但是，我们也有一些不擅长的东西，比如我们的产品虽然独特，但它并没有独特到可以成为紫色奶牛；尽管我们可以随时成为新闻热点，但是通过这种手段招来的用户并不是我们想要的用户。

我也知道哪些方法对我们有用，哪些方法则行不通，而我需要时间想出一个办法，为我们获得海量用户。我知道，在奇迹发生之前，我们首先需要生存。因此，我们必须发挥优势，奋力拼搏，从而可以多活一天。这意味着，我们必须比其他公司更加努力，必须坚持创新，必须抢占市场。我们自动地切换成了生存模式，竭尽一切力量削减成本。这时，我们的转机出现了。

转机在神圣的哈佛大学校园里诞生，后来在校园外得到了更广泛的应用。哈佛大学一位狂妄自大但充满发明精神的辍学生马克·扎克伯格将要颠覆我们以往的网络社交方式。很快，我就要感谢他的聪明才智以及他创建的网站对网上社交行业带来的颠覆性影响。我们必须要抓住这个机会，我仿佛看到一头紫色的奶牛正在朝我走来。

# 第三章

# 审视与重视你的产品

你可以使出九牛二虎之力做营销，但是如果你的产品很差劲，那你只有死路一条。

——加里·维纳查克（Gary Vaynerchuk），美国创业家，四次成为最畅销书作家

2007年春天，IMFT每个月都能新增几千名新用户。这个成绩还不错，但是即使他们都是活跃用户，这一数字离我们的目标还有很大差距。我们需要的是比这个多得多的海量用户，因为我们的初始资金——虽然我已经在预估资金的基础上翻了一番——越来越少。肯定有什么地方出了问题，只是我还不清楚那个问题是什么。

突然，我被自己的一个想法吓到了。我开始怀疑，问题是不是在于我

们的产品很差劲。我觉得并不是我真的害怕，而是我在潜意识里胡思乱想，因为一直以来，我总是认为我们的创意很独特，产品也很棒。我想，看着公司进入倒计时，自我怀疑是一件很正常的事情。

## 爆品：这个产品能创造奇迹吗

如今有很多方法可以预示产品的优劣，至少可以帮助人辨别一个产品是否与众不同：

- 人们会在推特（美国的一家新闻资讯和社交网站）上聊这个产品吗？
- 人们会在脸书上推荐这个产品吗？
- 这个产品在社交媒体上的热度怎么样？

但是在十年前即刻互动（我们在线社交网站的母公司）刚成立不久时，情况与现在截然不同。

当时的推特刚于2006年成立，主要是用来打暗语、传递悄悄话的，还没有大规模流行。

脸书刚刚迈出校园，还未成气候。

当时的分析平台也没有发展到今天的水平，要对客户的每个活动和参与情况进行实时跟踪和分析并非易事。

因此，虽然我们已经拥有了不少用户，但我还是很难判断我们产品的优劣。后来，我意识到，如果一个产品在刚一推出时并没有立刻造成轰动，那么其中肯定存在问题，因为卓越的产品在刚诞生时肯定能创造奇迹。

在无法确定产品优劣的同时，我向家人和朋友询问了意见。他们对我说了一堆好话，想要鼓励我，支持我，可能还想满足我的自尊心。但是，他们并没有谈及为什么我们的产品没有造成轰动。

“你们的网站太棒了，克里夫！”

“我挺喜欢IMFT的，比Match好用多了！”

“大家都应该使用你们的在线社交网站。”

这些一面倒的好评反而增加了我的忧虑，因为既然大家都觉得我们网站这么好，为什么他们不推荐给朋友呢？为什么他们使用得不多呢？

# **爆炸式增长小贴士8：**产品是否卓越并不是一个主观的判断，而是由种种迹象表明的。人们要么对它津津乐道、成为它的忠实用户，要么与此相反。你的产品让人津津乐道吗？

当时，我绞尽了脑汁思考症结所在。我们的产品很独特，但是独特的产品并不意味着它就是“紫色奶牛”。也许是时机不对？就像我们过早推出的“约伴服务”。也许是用户体验不够流畅？或者，我们的产品没有好到能把用户从其他网站吸引过来。

我知道，我们的产品肯定存在问题，而这个问题影响到了产品成功的关键因素：留不住用户。我们有大规模的媒体报道，但却没有换来大量的新注册用户。更严重的问题可能是，我们吸引到的并不是真正的优质客户，因为他们在注册之后就悄无声息了。显然，我们的路走错了。

当然，我们还是具备一些优势的：独特的产品和数量不多但稳步增加的新用户。我对我们的产品和公司依旧充满信心，但是我真的得让奇迹发生了。

## 10倍效应

我们的产品不能只比市场上的同类产品好一点点，而是要好很多——好10倍。这就叫做10倍效应。很显然，IMFT并没有做到。我们之所以需要一个好10倍的产品，最大的原因是，只有这样，你才有足够理由说服用户舍弃原来的网站，转而投奔你的网站。这就是我们为用户提供的“转换成本”。在一些网上社交和社交网站上，人们已经花费了大量时间上传照片、发布内容、添加好友，因此，如果出现了一个只是稍微好一点点的产品，他们不会愿意花时间在这个新产品上重头再来。一个新产品必须比已有产品好10倍，这样用户才有充分理由把时间和精力放到它上来。

### All Paws一家宠物收养网站的10倍效应

我的兄弟达瑞尔是公司的联合创始人，在公司的成功之路上起到了举足轻重的作用。同时，他有着丰富的法律和会计从业经历，也创立了多家企业。随着即刻互动的逐步发展，达瑞尔在公司中扮演的角色也越来越多，以至于他现在不得不雇用其他人来替代他的部分职务。2013年，他灵感忽现，创立了一家宠物收养网站，叫做AllPaws。

达瑞尔十分喜爱宠物，也发现很多人有收养宠物的需求。他的灵感来自IMFT创业中的经验——“10倍效应”，他想在另一个行业提供同样好十倍的用户体验。

10倍效应的经验告诉他，他不能照搬照抄其他网站，而是要了解用户痛点，解决用户痛点，让用户拥有比其他同类型网站好上十倍的操作体验。

当人们搜索要收养的宠物时，他们通常会输入某些宠物的特征。例如，他们可能想要一个不会致人过敏的品种，性情温顺，易于训练，善于与孩子相处。或者，也许就有人不知道怎么想的，想收养一只性格暴躁的罗威纳犬，那种吃完狗粮就像喝了兴奋剂一样又喜欢咬人的狗。不管怎样，达瑞尔确定，目前市面上没有一家网站可以让用户通过健康情况、动物行为、温顺程度等关键词来精确搜索自己想要的宠物。而事实上，用户可以通过至少30个关键词来对宠物进行筛选。因此，达瑞尔便创建了这个名叫AllPaws的网站和应用软件，满足了人们的需求。

AllPaws实质上与一个好的在线社交网站并无两样。宠物收养机构可以为每一只适合被收养的宠物创建详细档案，而想要收养宠物的人可以通过具体的关键词来选择想要的宠物，从而完成匹配。达瑞尔只是吸取了在即刻互动创业时的经验，创建了一个用户体验好10倍的宠物收养网站。几年后，达瑞尔将AllPaws卖给了一家市值数十亿美元的公司PetSmart（美国一家售卖宠物用品、提供宠物服务的零售连锁店，同时也经营宠物出售和收养业务）。至今，AllPaws网站仍在运行。如果你喜欢宠物并准备收养一只毛茸茸的小可爱，推荐你去AllPaws看一看。

# **爆炸式增长小贴士9：**如果你的产品只是比别人的好一点点，那这个产品可以说是一文不值。它至少要比别的产品好10倍。你的产品比竞争对手的好多少，你有没有量化过？

# **爆炸式增长小贴士10：**把对某个事业的热爱和专业知识相结合，往往就会出现成功。你有热情使你的产品解决用户痛点问题吗？

# **爆炸式增长小贴士11：**为了获得10倍效应，你有没有把眼光放到行业之外去寻求新的问题解决方案？

IMFT最大的痛点问题是它建立用户档案所需要的时间，用户往往需要找一些照片并上传到自己的档案里，整个过程需要好几分钟。在当今这个快节奏、讲究快速满足需求的社会里，对大多数用户来说，几分钟的时间过于漫长了。

如果有办法轻轻点一下鼠标就能把用户最好看的照片以及必要的资料上传到网站就好了。这会让IMFT比其他在线社交网站好上10倍，不，至少是100倍！前提是我们得找到这个办法。

第四章

# 在某一方面做到精益

无冒险，不成功。

——“伟人”维恩·格雷茨基（前文中提到的加拿大著名冰球运动员。）

2007年5月初，命中注定我在那时有了第二次顿悟，正是这次顿悟，才使得我们公司可以延续至今。事情起源于我看到的一篇文章，里面介绍了一家新兴网站——脸书，当时它的规模与如今不可同日而语。事实上，脸书最近几年才对非学生群体开放。在诞生之初，只有扎克伯格的哈佛同学才能使用。之后，它慢慢向更多大学开放，直至最后对公众全部放开。

这篇文章讲到，脸书建立了一个开放平台和应用编程接口（API），使得第三方公司可以在脸书的框架内为自己的产品开发应用。更重要的是，通过在脸书的平台上建立应用，这些公司可以获取脸书用户的朋友网络和个人信息，脸书用户可以将这些第三方应用推送给他们的朋友，例如，将某个应用的信息发布在用户的个人主页上。

## 紫色奶牛在靠近

我们这里讨论的另一种获取用户朋友网络——或者用脸书的术语，叫“社交图谱”——的能力，我对此十分感兴趣。我看过前人的研究，大多数人是通过朋友找到自己另一半的，我想这个结论并不会过时。于是，我问自己：“是不是有办法让脸书的社交图谱为IAmFreeTonight.com服务？”

当时，脸书的API开放平台还是一个新鲜概念，全力投入到这么一个不知是否有用的平台上真是一件冒险的行为。但是，那个时候，我必须要冒险——用篮球的术语，我们需要一记绝杀。在整场比赛中，我的队友们竭尽全力打了一场好球，但是却在最后关头落后两分。倒计时越来越少，而球在此时到了我的手中，站在三分线外的我必须投出最好一球。

于是，第二天我便打电话给我们的首席编程师麦克·舍尔洛夫，跟他说：“麦克，我刚看到一篇文章，里面讲到一家公司，叫脸书。我想在脸书平台上做一个应用，一个脸书应用。”

麦克非常礼貌地问我：“什么是脸书应用？”

“我还不清楚”，我说道，“但是我的直觉强烈地告诉我，我们不管怎样都要做一个。”

麦克感受到了我的热情，默默答应了：“好吧，那你想要我做什么？”

我内心越来越兴奋，说：“把你手上的事情全部放下，专心去做一个脸书应用。一定要想办法做出来。”

在之后一个礼拜的时间里，麦克全身心地研究起了脸书开放平台，思考如何为我们网站做一个脸书应用。之后他找到我，说：“我想，我们基本上可以把我们网站放到脸书的框架内。你的意思是不是就是这个？”

我回答道：“我就是这个意思。我还不知道这个脸书应用做出来之后怎么办，但是我会想明白的。你做得太好了！”

## 全力以赴等待时机

“你把棒球场建好，他们就会来了。”其实，这是电影《梦幻球场》（*Field of Dreams*）中的台词。主人公是爱荷华州的一位农夫雷·金塞拉，他是一位棒球运动爱好者。有一天他听到一个神秘声音对他说：“你把棒球场建好，他们就会来了。”于是，他不顾生计把自己的玉米地铲掉建了一个棒球场，没想到他的偶像、美国棒球明星约瑟夫·杰克森（外号“不穿鞋的乔”）果真来到了那里打球。也就是说全力以赴准备好，才能迎接机会。

我并没有在办公室里听到什么神秘声音的召唤，告诉我如何让海量用户涌入IMFT。但是，我大脑的直觉的确告诉我，开发脸书平台是对公司做出的正确决定，因为有种力量敦促着我全力以赴。结果证明，用户真的来了。

2007年5月14日，脸书正式向大众发布其开放平台，他们是与几家合作伙伴共同发布的。这些合作伙伴的名字我之前从未听说过，他们中有几个实际上就是一个一个的软件开发公司。但是，通过脸书的应用开发平台，他们每天都能获得好几千的新用户。从来没有一家在线社交网站实现过这种速度的用户增长。所以我想，如果脸书的这些合伙人能做到，我们也一定可以。并且，当时脸书应用开放平台上的应用还不多，我知道我们的竞争对手很快就会反应过。因此，即便当时我对前景一无所知，但是我无比肯定，我们必须先下手为强，尽早开发脸书应用，全力以赴加入到脸书平台上来。

### 脸书平台对外开放：疯子还是天才？

当时，人们普遍认为，马克·扎克伯格是疯了才会发布这么一个完全开放的应用平台。他们不理解，脸书不是发展得挺好吗，为什么要让随便一家公司就能获取它几百万的用户和数据？在这之前，从未有人以这么大规模做过这类事情，并且人们觉得，这不是让脸书被其他公司利用吗？后者可以把脸书的所有用户都转移到自己网站上来，丝毫不顾脸书自己的用户体验会被破坏。

然而，扎克伯格不是这么看的。他知道，像脸书这样的公司必须坚持创新才能不被淘汰。他豪赌了一把，相信世界上的顶级企业和软件开发者很快就会纷至沓来，在脸书的开放平台上创建自己的应用（记住，人们关注的焦点正在于此）。这将有效地使脸书不断创新，继而使用户永远做脸书的回头客。他的最终目标是，让开发脸书应用成为每一家技术公司的第一要务。这样，开放平台的发布将开启脸书超速增长的新时代，也将成为脸书最终获得成功的法宝。

我们第一代的脸书应用正如麦克所说，可以使用户在脸书上注册IMFT账户，把用户从脸书上拉到我们网站。第一代脸书应用很快便为我们网罗了几千名用户。并且，因为当时脸书平台上能下载的应用还不多，所以用户可以很快在脸书平台的应用目录里找到我们并下载全套软件。这也是我们用户快速增长的原因之一。

## 思路逐渐清晰

第一代的脸书应用给我们带来的新用户是之前任何一天都不能比拟的。而且我发现，借助脸书平台，一些从未听闻的公司每天能获得五千到一万的用户增长，而且都是活跃用户。我再次告诉自己："如果他们能做到，我们也可以。就看谁最渴求成功，谁最聪明了。"我知道我们能赢得这次战斗，因为我们有不可多得的人才，有对成功更大的渴求。那个时候，我们不能允许自己失败。对我来说，失败的代价太高了，我不能让自己再爬回华尔街，每天清晨5点钟跟那些从酒吧出来的人抢出租车。

我很早就察觉到的另一个问题是，脸书增长的速度太快了。我有幸在一次会议上见过很多脸书平台创建者，那也是马克·扎克伯格最早进行公开演讲的一场会议。

他们大概是我见过的最聪明的一群人了。他们总是思维超前5到10年，这也是脸书能生存并繁荣至今的原因，而他们的很多竞争对手却早就消失在了历史中。他们讨论的话题以及讨论的深度完全在另一个层面，这也让我对脸书的未来更加充满信心。与此形成鲜明对比的是，当时世界上最大的社交网络MySpace（很快就要发布自己的应用开放平台）给我打来电话，劝我在MySpace上多给我的应用做广告，但是他们的网站太烂了，动不动就崩溃，基本不好用。

而在这个时候，脸书已经有了清晰的规划，要建立世界上最智能的广告网络。他们的话题一直离不开公司的一个新工种，叫数据科学家。这些聪明透顶的数据科学家将负责对所有数据进行分析，并根据分析结果精准预测用户准备什么时候去哪里度假，想吃什么，甚至什么时候想恋爱，什么时候想分手（这可以根据用户对某些“朋友”照片的浏览习惯进行预测）。这种对数据惊人的深度利用让我十分震撼。他们正在为数年后世界上最成功的广告网络打下基础。

用户体验（UX）也是脸书最看重的事情。他们看到，Friendster和MySpace等社交网络的用户体验已经变得十分糟糕，因为这些公司眼里只有短期的收益和利润，比如Friendster是世界上最早的社交网络之一，2011年6月转型成为社交游戏网站，用户主要来自亚洲。2015年6月，Friendster停止服务，并于3年后的2018年6月关闭了公司。这些社交网络的网站界面的速度非常缓慢，塞满了垃圾信息、广告和其他一些加载速度很慢的图片。

在竞争对手愚蠢地把注意力放在短期利润的同时，脸书有了一项重要发现。脸书发现，如果一个用户在网站注册后的前10天内能拥有7位以上好友，这名用户就会对脸书“上瘾”，时不时地就想查看下自己的脸书页面。这就是所谓的“啊哈时刻”——用户发现了一个产品的价值并发出惊喜的感叹。为了确保用户能得到7位以上好友，脸书指定了几名最优秀的工程师去研究如何找到用户久未联系的儿时玩伴，并把他们导入到用户的“推荐好友”名单中。这一功能大大地提高了脸书的网络效应，也被证明是一个绝佳的战略，为脸书带来了显著的长期红利和任何初创企业都渴望得到的长盛不衰。

在脸书工作的人都非常年轻，敏锐，眼光长远，在创业之初就知道公司长盛不衰的动力在于极佳的用户体验。明眼人都能看出，在这些人的带领下，脸书必将成为有史以来最大的企业之一。根据那次会议给我留下的初步印象，以及我们脸书应用试水成功的经历，我清楚地认识到，我们必须全力以赴搭上脸书的快车。很幸运，我们在脸书刚起步的时候就已经行动了。

**# 爆炸式增长小贴士12：**你知道自己产品的“啊哈时刻”是什么吗？如果没有，那就赶紧找到，并集中精力为所有用户优化这一体验。

## 为什么是脸书？

与很多人的想法相反，脸书并不是世界上第一家社交网络公司。最早的社交网络也不是MySpace或Friendster，的确，在脸书没有颠覆性到来之前，这两个社交网络都取得了一些成功。世界上第一个社交网络是一个叫做“六度空间”（sixdegrees）的网站，它的创始人正是我的人生导师、挚友安德鲁·韦恩莱克（Andrew Weinreich）。

六度空间早在1997年就进军了网络市场，比扎克伯格划时代的脸书早了十多年。安德鲁是我见过的最优秀的企业家之一，但是六度空间却早就不见了，统治社交网络的是脸书。这其中发生了哪些事情？脸书凭什么能成为世界上最有价值的公司之一？

安德鲁给我上过的最好一课就是：时机决定一切。时机并不等于时间先后，明白这一点很重要。因为时机好并不意味着行动早，在有些情况下，行动早可能反而会造成你的劣势。

以安德鲁为例，六度空间是世界上第一家社交媒体，远远早于脸书，但是六度空间不具备脸书的标志性功能：图片。

安德鲁知道自己在做一件十分了不起的事情，于是他发明了一项“六度空间专利”，该专利解释了人们在网上是如何相互联系的。这是个十分重要的专利，现在已经被领英收购了。

六度空间在很多方面都是领先于它的时代的，最关键的是，支撑社交网络的技术——尤其是数码相机——在当时还没有普及。安德鲁知道，照片功能是决定社交网络能否成功的重要因素，但是却没有办法把照片功能添加到六度空间中去。他甚至做过一个实验，请用户把他们的照片用普通邮递的方式寄给他，然后雇用一批人把这些照片扫描并上传到用户的档案中去。虽然这不失为一个聪明的变通方法，但是安德鲁最终还是认为这个办法并不可行。

当时也无法把照片上的人挨个“标记”出来。后来的社交网络在图片功能的推动下得到了快速发展。图片的“标记”能力在这其中起到了很大作用。

时机很难判断，因为人们几乎无法预测市场巨变将会何时到来。安德鲁在1999年卖掉了六度空间，那时，只有很少数人能拥有数码相机。到了2003年，带有数码相机功能的手机已经普及，市面上这种手机的数量甚至已经超过了数码相机的数量。新一波社交网络浪潮已经诞生，从Friendster开始，然后是MySpace，最后出现了脸书。

据报道，六度空间的售价是1.25亿美元，因此安德鲁也不算亏，但是六度空间到底没有走上脸书的道路。有些专家预计，终有一天，脸书将成为世界上第一家市值超过一万亿美元的公司。讽刺的是，这些专家中有几个还是我在华尔街工作时共过事的同事和分析师。2007年，当我告诉他们，脸书不出几年市值就将达到1000亿美元，他们应该赶快了解这家公司时，这些人还狠狠地嘲笑了我一通。

那么，脸书真的远远好过其他竞争对手吗？并不见得，因为脸书的功能和基本概念与六度空间、Friendster和MySpace相差并不大，但是它拥有好的时机和长远的眼光。支撑社交网络的技术——包括智能手机的快速普及和在线上传照片的简便——已经具备。用户们终于可以进入社交网络时代了。

## 在某个事情上做世界上最聪明的那一个

某年1月份，我去参加一个面向在线社交网站高管的会议，叫做“iDate”，在那里，我遇见了我的好友、人生导师安德鲁。当时，安德鲁在做一个据说是首个应用于移动设备的在线社交网站“MeetMoi”（安德鲁拥有很多“首个”头衔）。在那次会议上，安德鲁向我传授了很多重要的经验，其中之一就是，“我的经验是，要想成功，你必须在某个事情上成为世界上最聪明的那一个。克里夫，要说起在脸书上利用社交网络进行营销，我想你是世界上最聪明的那一个。”

说我在什么事情上是最聪明的人，听起来有点太过夸张。但是，作为公司的领导，我必须要知道自己的长处。况且，安德鲁也不会说言不由衷的话。安德鲁的这番肯定给了我追逐脸书的勇气，使我把所有精力都放到研究脸书的开放平台上来。也正是安德鲁的这番话，我有了关闭IMFT的勇气，因为我知道这个网站不会带给我成功。我要建立一个新网站，一个能成功的新网站。

关闭IMFT是一个重要的决定，同时也令我们的员工、投资人和所有股东极为震惊。我选择的是一家刚诞生了几个星期的公司，而放弃的是已经发展了两年且拥有成千上万用户的IMFT。

但是，我想朝前看，而不是停留在过去，不能再把珍贵的钱花在一个潜力有限的产品上了。IMFT有很多地方令人分心，光是修补漏洞和解决服务器问题就需要我们花上大量的时间和资金，而时间和金钱对我们来说太宝贵了。事实证明，这个决定让我们公司卸下了一个大包袱，就像把一个一千磅重的大猩猩从公司的后背上扒了下来。很快，这个决定就让公司尝到了甜头，促进了我们新的脸书应用用户的增长。

# **爆炸式增长小贴士13：**你有没有无视沉没成本原则（或是出于情感上或其他不切实际的原因），继续维持某些项目的存在？如果有，请立刻关闭这些项目，将宝贵的时间和精力解放出来。

在做出这个决定后，IMFT演变成了社交应用软件MeetNewPeople（MNP），后者的用户界面更为简洁。当用户登录后，他们会看到一张其他用户的照片以及一个问题：你喜欢这个人吗？是或否？

同时我们还学到一个重要经验，那就是让用户离开脸书来到IMFT效果不大。除了用户不愿意离开脸书之外，我们发现其实用户在脸书上越活跃对我们反而越好，这样我们可以更多地出现在他们的个人主页并且接触到他们的朋友。留住用户对产品的可持续发展和不断增长至关重要，因此，我们不再试图挖走脸书的用户，很快我们的用户便有了增长。

我并没有失败。我只是发现了一万种行不通的方法。

——托马斯·爱迪生（Thomas Edison），美国最伟大的发明家

MNP是我们的一款过渡应用软件，主要用于测试我们的一些新想法。通过MNP的过渡，我们成功开发了Are You Interested?（AYI），于2007年8月14日正式发布。在MNP上，我们尽可能多地测试和观察哪些性能和想法可以带来最多的用户增长，最大限度地留住用户，同时了解如何最好地利用脸书开放平台及其功能以实现快速增长。

## 先测试，再改进

很快，我们就领悟到，成功的关键不在于想出一个了不起的新点子，而是我们能够有多快在用户身上进行测试。这意味着我们必须有强劲的数据分析能力。进行的测试越多，我们学到的就越多，离成功也就越近。我们测试的范围很广，从开发出来的新功能到简单调试，例如对不同的背景颜色进行测试。通过背景颜色测试，我们发现，这么小的调整竟然对用户行为有着巨大的影响。可能有人不知道，粉红色的背景的确会让女性用户更加活跃。

不断的实验和强大的实时分析能力越来越成为我们企业文化的核心。我们乐意拥抱失败的测试结果，因为这意味着我们对用户更加了解。在考察了脸书公司后，我们发现脸书公司与我们拥有着相似的企业文化，正如他们开发人员的口头禅那样，“快速行动，不破不立”。

# **爆炸式增长小贴士14：**完美是进步的天敌。如果你要为自己的产品设计一个完美的功能，那么你实际上是在没有得到用户反馈和用户数据的情况下进行假设，并且往往要（比进行用户测试）花费更多时间。你有没有致力于打造一款新功能并在少数用户身上进行测试？是否收到了用户的反馈？

# **爆炸式增长小贴士15：**没有强大的数据分析能力，研发产品、进行功能测试就会像闭着眼睛开车那样——没有好下场。你能对自己产品的关键数据进行有效分析吗？

正是因为我们进行了严格的测试，深入开展了数据分析，并据此不断对MNP进行优化，才使得AYI在发布后能每天吸纳一万名左右的新用户，而我们没有再花一分钱在获取用户上。那时，公司上下都意识到，我们算是坐在金矿上了！

第五章

# 火箭式增长：每天新增十万名新用户

病毒式传播不是运气，不是魔法，也不是偶然的。人们口口相传的背后隐藏着一门学问。这其中有诀窍，甚至有配方。

——乔纳·伯格（Jonah Berger），畅销书《疯传：让你的产品、思想、行为像病毒一样入侵》（*Contagious*）作者

我们的产品从MNP这个雏形进化成精雕细琢的AYI，背后是每天18小时的不断测试和优化。我们的目标只有一个，那就是使用户可以邀请到更多好友，每天花更多时间在我们的应用软件上浏览其他用户。为了成为脸书上的病毒式扩散专家，我们必须要搞清楚哪些办法奏效，哪些办法行不通。

我们也不允许自己开发出一个平淡无奇的应用功能，因为我们的竞争

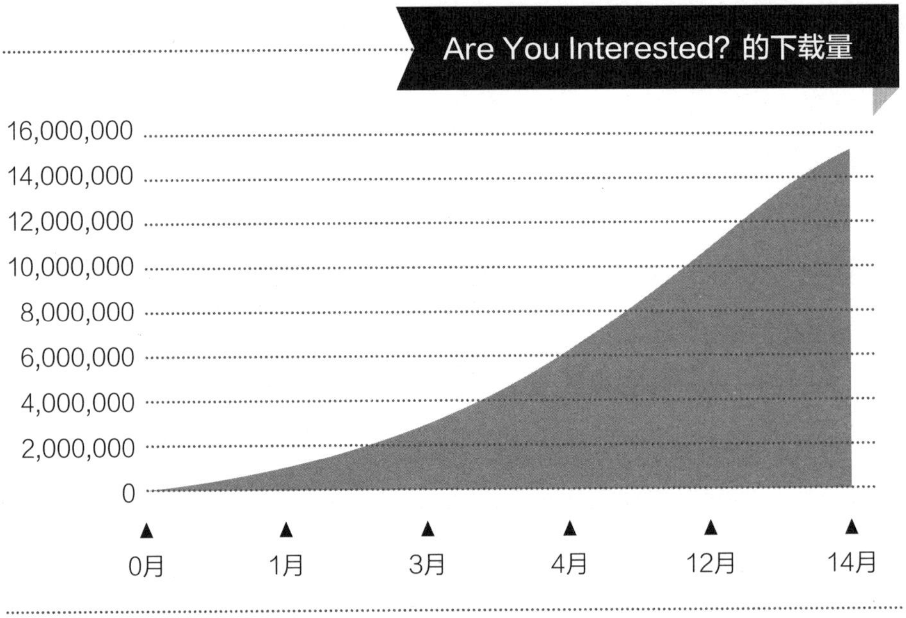


对手很快就会发现脸书社交网络这个大金矿。这些大家伙拥有无限的资源，这是我们无法望其项背的。因此，我们必须用优秀的产品把他们狠狠甩在后面，并不断突破自己的极限。例如，我们知道，当一个用户在网上浏览其他用户的档案时，最好的用户体验是可以无缝浏览下一个用户的档案，也就是，档案与档案之间没有停滞时间（与Tinder现在的功能类似）。这看似简单，但是完成起来却并不容易，特别是在那个时候。我们的开发人员拒绝平庸，前后忙碌了好几周时间，进行了无数次迭代，才终于成功。

虽然我在前文中提到，在追求完美（而不进行用户测试）的过程中往往会造成资源浪费。但是，对于一些核心的用户体验，我们必须要尽可能地接近完美。

## 病毒式传播

布莱恩·巴尔福（Brian Balfour）是公认的企业增长专家。他成立了好几家拥有几百万用户的公司，并且这些公司都得到了风投的支持。布莱恩也曾在HubSpot担任副总裁，负责企业增长，HubSpot是一家生产和销售集客式营销（inbound marketing）软件产品的公司，其产品和服务主要是为社交媒体的营销活动、内容管理、网页分析和搜索引擎优化提供工具。他在自己的博客上讨论最新的增长战略和技巧，内容十分不错（http://www.coelevate.com），同时他还在http://www.reforge.com上负责讲授企业增长大师课。这里分享一些布莱恩有关病毒式传播的观点：

> 自20世纪90年代中期以来，“病毒式传播”就成了硅谷梦寐以求的圣杯，但是“病毒式传播”背后的概念却已经诞生一百年左右了，甚至更早。研究发现，世界上第一批连锁信（指一批连锁的信件，每一个收到信的人都被要求将这封信复制，然后寄给特定数量的其他人）诞生于20世纪初。随着因特网的出现，电子邮件、脸书以及移动设备等平台将人与人连接了起来，这为病毒式传播的实现奠定了坚实基础。
>
> 病毒式传播最简单的形式是通过一个用户或客户接触到另一个用户或客户。这就像一个循环系统：一名用户先在一个应用上注册，然后在这个应用上捣鼓了一会儿，通过他们的使用，另一名用户也注册了，这个循环就一直这样延续下去。
>
> 这种病毒式传播的循环也分为不同类，例如以下几个例子：
>
> - **自然传播**——一名Dropbox（由美国Dropbox公司运营的在线文

件存储和共享工具）用户将一个文件夹分享给他们的同事，他们的同事必须同样注册Dropbox账户才能获得这个文件夹的信息。

- **随意传播**——一名Hotmail（互联网电子邮件服务提供商）用户在发送邮件时在签名栏写上“注：我爱你。请来Hotmail使用免费电子邮件。”收信人看到了这个签名，于是也注册了一个Hotmail账户。

- **激励传播**——一名优步（一个提供点对点拼车、打车等服务的应用软件）用户给自己的朋友发了一个10美元的使用红包，于是这位朋友也成了优步的用户。

不是所有种类的循环都效果一样。有些种类的循环就比其他种类的循环更有效。一个循环系统的有效程度可以通过其K系数来衡量，即当一位原始用户注册了某个产品后，他或她能带来多少名新用户。举个例子，如果有人说他们产品的K系数是0.5，也就意味着，两名用户在注册了他们产品后才能带来一名新用户。只要K系数大于1，那么你就算拿到圣杯了。

### 激励用户

激励用户邀请他们的朋友有着惊人的效果，我们就曾经一天内吸纳了超过10万名新用户。这也是我们能在脸书上实现病毒式传播的关键。最重要的是，搞清楚什么样的激励才能让用户听话。决定一个激励是否有效有很多因素，但是总结起来就一条，那就是给用户一个难以抗拒的理由去邀请他们的朋友，同时给他们的朋友一个难以抗拒的理由来接受邀请、试用产品。

在使用社交软件时，用户（特别是男性用户）普遍期待接收到更多其他用户发来的消息。因此，我们公司在激励用户时的核心要义就是，让用户有机会得到更多关注（随之而来的是收到更多的消息）。

# **爆炸式增长小贴士16**：你知道用户对你产品的哪项功能最感兴趣吗？如果用户可以邀请到一些朋友注册你的产品，你有没有试着免费向该用户提供这项功能？

**Dropbox是如何激励用户的？**

在线文件存储与分享服务提供商Dropbox曾通过一项激励措施实现了病毒式传播。如果一名用户可以邀请到好友成为Dropbox的用户，那么这名用户就可以免费得到更多的存储空间。他们的聪明之处在于，被邀请的人如果接受了邀请，同样也能得到激励，免费得到更多的存储空间。

我们公司的激励体系是这样的：如果一名用户能邀请到5位新的好友，他们将得到奖励——在其他用户的搜索结果中出现在更靠前的位置，这会给他们带来更多的配对，让他们收到更多的消息。让我们兴奋的是，几乎每位用户都成功邀请到了5位好友。

后来，我们认为应该加注，于是把挑战提高到了10名好友。同样的，几乎所有用户都接受了挑战。

脸书只允许我们的用户每人最多邀请20名好友，在这种情况下，我们的应用软件每天能新增几千名用户。我们还发现，语言上的小小改变也能对结果产生巨大影响。下面给大家举一个我们如何深入挖掘用户的想法并相应地在语言上做出略微调整，从而使用户行动起来的例子：

- 第一个版本：邀请你的朋友加入！
- 第二个版本：邀请5位好友，在搜索结果中获得更高位置！
- 第三个版本：邀请20位好友，在搜索结果中获得更高位置！
- 第四个版本：邀请5位好友，获得更多配对！
- 第五个版本：邀请20位好友，获得更多配对！
- 第六个版本：邀请5位好友，看看谁在喜欢你！
- 第七个版本：邀请20位好友，看看谁在喜欢你！

通过几次对措辞的修改，我们得到了非常好的结果。我们认识到，在与客户进行有效沟通时，语言起到了至关重要的作用，哪怕是广告词的细微调整也能对用户行为以及产品的最终成功产生重大影响。

在这一过程中，我们学到的重要一课是，“推销产品的好处”比推销产品的功能有用得多。功能是产品的特性，而用户关心的是这一功能如何可以让他们的生活变得更美好。例如，在搜索结果中处于更高位置这一“功能”不会让用户着迷，因为他们不清楚它的重要性在哪里。但是，从情感上，他们会为得到更多配对或者发现有哪些好友喜欢他们买单，因为他们能从中看到价值。我们之所以能有每天增加十万名用户的成绩，语言上的小调整功不可没。

如果一个产品的广告文案总是在推销产品的功能而不是给用户带来的好处，那么这个产品十有八九会卖不出去。产品营销应该集中精力回答用户心中的问题：“它对我有什么好处？”

**# 爆炸式增长小贴士17：**在写广告文案时，要注意推销产品的好处而不是产品的功能。你在推销产品的好处吗？

**口袋里的1000首歌VS.一个5GB的硬盘**

推销产品好处而不是产品功能的典范之一就是史蒂夫·乔布斯对刚问世的iPod（美国苹果公司设计和销售的系列便携式媒体播放器和多功能掌上电脑）的宣传。iPod的特性是一个拥有5GB内存的硬盘，但是它对于客户的价值在于（正如它的广告词所说）它是“你口袋里的1000首歌”。

## 经常测试是关键

我们看到，仅仅是对广告文案进行了略微修改（其中包括对颜色进行的无伤大雅的调整），就让我们的结果提高了20%，甚至更多。要取得成功，我们必须比竞争对手学得更快，因此，我们打造了一个内部测试平台，使我们可以同时开展1000项测试。

不管是从事什么业务，哪怕是街角的小商店，严格的测试都会带来很多好处。橱窗上的标志是不是醒目？商品的摆放是不是合理？展示柜里的陈列是不是赏心悦目？商品定价有没有问题？这些都可以在用户身上进行测试。并且，每项稍作改进，加在一起就能产生巨大的效果。

无论处于哪个行业，每个企业都应该将经常测试和实验纳入企业文化并付诸实践。一项成功的测试结果可能不起眼，但是当几项成功的测试结果结合在一起，就会带来惊人的变化。例如，我们在激励用户邀请朋友加入时，不仅改进了用户收到的广告词，还对用户朋友收到的邀请加入的电子邮件广告进行了优化。在顾客成为一件产品的用户的整个过程中，从最早的用户体验到顾客最终买单，企业与顾客之间有很多可以互动的地方（注册流程，电子邮件的主题、内容和发送频率，支付页面等），而最终结果往往是由整个过程中最薄弱的环节决定。

# **爆炸式增长小贴士18：**如果你还没有进行过用户测试，那么现在就开始行动吧。你有没有计划在未来30天内至少开展3次用户测试？

## 眼球在哪里：凸显位置的重要性

俗话说："生意兴隆最重要的三个因素是位置，位置和位置。"现在，对于像餐厅、零售店这样的实体商店来说，位置可能依然还是最重要的。但是，对于如今的虚拟市场，我想这句老话就得稍作修改了。任何一家在线社交网站（或任何一家网络公司）想要获得成功，快速获得用户，那么最重要的三个因素应该是平台，平台和平台。

我很快就发现，打造一款独特的产品很了不起，但是知道如何利用一个受众面广的营销渠道（例如脸书）将产品推向用户甚至比前者更加重要。我们需要那个营销渠道让我们独特的产品生根发芽，茁壮成长。增长缓慢会吓走投资人，消耗公司资金，无法获得宝贵的用户反馈。因此，对于大多数初创企业来说，通过有效的营销渠道实现快速增长至关重要。就是在那个时候，我真正意识到了营销对于网络公司的重要性。

**# 爆炸式增长小贴士19：**当今很多市值超过十亿美元的公司都是借助其他平台获得成功的。你是否尝试过与一些新兴平台或知名平台进行合作？

**我不关心你的产品有多棒。告诉我，你如何实现快速增长？**

人们一直问我关于投资和创意的建议。我反问他们的第一个问题便是："你如何获取几千名目标用户？"大多数人的回答都是："我还不是很清楚，但是我的产品真的非常独特，肯定会让人们大吃一惊！我们一定会得到铺天盖地的报道，人人都会爱上我们。"这时，我就会跟他们分享我们公司和产品的发展历程。我告诉他们，我的产品非常与众不同，我们也十分善于发动媒体攻势，但是这些根本起不了什么作用，直到我们找到了正确的平台，继而接触到了几百万目标用户。

我发现，只要企业家或者企业制定了独特的营销方案以实现产品的规模发展，那么他们成功的概率就会很大。相反，如果一个伟大的产品却没有一个伟大的增长战略作为支撑，那这个产品十有八九会失败。

## 伟大的增长战略永远胜过伟大的产品

在线社交网站（以及其他网络公司）的产品一般十分类似，往往令人难以分辨。但是，有些网站就取得了极大的成功，有些网站却以失败告终。当我们审视那些蓬勃发展的、成功的在线社交网站时，就会发现他们都有一个共同点，那就是他们各自都有支撑其独特产品的增长战略。我想，其他行业也不外乎如此。

世界上有很多大型在线社交网站之所以能成功，不是因为他们的产品有多好，也不是因为他们有大把的营销预算，而是因为他们实施了极好的增长战略——"火箭式增长"。

**火箭式增长**

可以把“火箭式增长”看成一个独特的、低成本的增长手段，它指通过利用你产品的核心特点实现用户数量猛增。

让我们回顾一下过去十年中最成功的几家在线社交网站（以及推特），看一看他们是如何实现了非凡的增长。

## Tinder

想不想看几个市场营销推动产品快速增长的实例？首先，让我们先看向Tinder公司——我在之后的文章中会详细讨论。Tinder的普及程度飙升是发生在他们举办校园产品发布派对之后。这些派对主要面向大学中受人欢迎的兄弟会、女生联谊会成员以及其他有吸引力的学生。我甚至可以想象Tinder在策划这些活动时的场景。

> 我有一个想法：我们可不可以在全国各地的大学校园中举办一些派对？可以请女生联谊会中最漂亮的女生参加，当然还有兄弟会成员。只要他们下载我们的应用软件就可以进入派对现场。然后，他们肯定整晚就在玩我们的应用了，看顺眼的向右滑，看不顺眼的向左滑。第二天一大早，全校学生都会有我们的应用了，而且他们肯定会恨不得世界上每个人都知道他们在使用Tinder！

这个方法简直完美。他们办了一场又一场热闹的校园派对，然后Tinder就像熊熊野火般四处蔓延了开来。商学院会把这种做法称为产品与市场的完美结合。从那儿开始，无数其他公司也尝试了同样的战略，但是却从未获得过Tinder公司这样好的效果。方法一次有效并不意味着次次有效。成功的创意背后还需要人们的愿景、创造力和卓越的执行力。

你需要在小范围内找出那些能在社交媒体上产生影响的群体，看看他们是谁，并将目标锁定在他们身上。这就是我们在大学校园和其他社交场景中传播的方式。

——惠特尼·沃尔夫（Whitney Wolfe），Tinder公司前营销副总裁、Bumble创始人

Bumble是基于地理位置的社交和社交软件。对异性恋用户来说，相互匹配的男女双方中只有女性用户才能发起首次聊天。用户可以通过脸书账户注册，并可以在三种模式中进行选择，即社交模式、朋友模式或工作模式。

## BUMBLE

Bumble与Tinder十分类似，但两者之间最重要的区别在于，Bumble规定第一次聊天只能由女性用户发起。这虽然是一个很吸引眼球的功能，但是光靠这个功能也不能让Bumble在短短几年内就成功获取了几百万用户。

又一次，是Bumble的营销战略和远见卓识使该公司在如此短暂的时间内一跃成为市场的领导者。

在进入这个行业的早期，Bumble就发现，在互联网上有号召力的知名人士会对产品产生极大的影响。说到底，这与Tinder在大学校园中举办面向受欢迎群体的派对十分类似，只是Bumble采取的是线上路线，聚焦在互联网上受欢迎、有影响力的群体。

于是，Instagram（脸书公司旗下的社交网络，提供照片和视频分享服务）上到处是名人对Bumble的宣传，这使Bumble得到了广泛曝光，并快速积累了用户。这并不让人意外，因为Bumble的创始人惠特尼·沃尔夫是Tinder公司的前任副总裁，负责市场营销，Tinder的大学校园营销战略正是她的杰作。

Bumble另一个聪明之处在于他们很早就与安德烈·安德里夫（Andrey Andreev）结为战略合作伙伴。安德烈创建的Badoo是世界上最大的社交网络公司之一。这一合作使Bumble获得了这家大型科技公司的海量资源（包括资金和工程师），为Bumble的顺利发展铺平了道路。同时，这也帮助Bumble绕开了初创企业常常会遇到的痛点和困难，从而大大推进了Bumble的产品研发，提高了其成功概率。

## JSWIPE

曾经，网上社交行业活跃着两家面向犹太人的类似Tinder的应用软件，一家叫JCrush，一家叫JSwipe。一开始，JCrush的市场份额比JSwipe高，虽然后者的增长速度也比较快。后来，JSwipe与一家大型犹太人组织Birthright开展了合作，这使得他们一下就获得了大量的潜在用户并顺利地击败了他们的竞争对手JCrush。仅通过与这家机构的合作，JSwipe便获得了大量的、正确的营销对象，从而走向了成功。也正因如此，他们的应用软件如今依然蒸蒸日上。请注意：2015年10月，JSwipe以700万美元的价格被Jdate.com的母公司火花网络（Spark Networks）收购。

# **爆炸式增长小贴士20**：你有没有寻找过一家可以为你带来巨大广告效应、有力推动企业增长的合作伙伴？

## PLENTY OF FISH（POF.COM）

Plenty of Fish采用了搜索引擎优化（SEO）战术提高自身的曝光度。搜索引擎优化（search engine optimization）是指通过提高网站或网页在某个搜索引擎的自然搜索结果中的排名来提高该网站或网页的曝光度。排名越高，该网站或网页就有更多访客，或者说潜在用户。其创始人马库斯·弗林德是位才华横溢的企业家，他是在线社交网站领域尝试长尾SEO的先驱。长尾（与此相对的是短尾SEO，短尾指在搜索引擎中通过一到两个关键词进行搜索）是指精细的搜索词，一般是三个以上的单词，例如“免费、网上社交、在内华达州”，或“男、寻找女性、在拉斯维加斯”。总的来说，与宽泛的搜索词如“单身”或“网上社交”相比，这些更加精细的搜索词要更有价值。在人们还没听说过SEO这个术语的时候，弗林德已经将他网站的SEO系统做到了完美，只要人们输入任何关于网上社交的关键词，都能在搜索引擎中一下找到他们的网站。Plenty of Fish最终成为了世界上最大的在线交友网站之一，并于2016年以5.8亿美元的价格被IAC公司收购。

## AYI和ZOOSK

Zoosk是一家提供在线社交服务的公司，提供25种语言服务，用户覆盖80多个国家。

AYI和ZOOSK是脸书上最成功的两大社交应用软件，每家都拥有超过一亿个用户。他们很早就通过搭载脸书平台实现了快速增长，并各自开发出了一套功能包，在脸书网络内实现了病毒式传播。如果没有脸书的这一魔鬼平台，这两家的产品可能根本无法问世。可以说，脸书平台为两家公司带来了前所未有的丰富机遇，任何初创企业都应该花费大量时间去分析和测试大型平台能给自己带来的增长机遇。

### 推特

我在前面说过，伟大的增长战略永远胜过伟大的产品。这个道理不仅限于在线社交行业。伟大的增长战略在任何行业都有举足轻重的作用，例如推特。

不管你是否相信，推特的创立不是为了美国总统可以在凌晨三点的时候将自己的观点——不管是对是错——告诉美国人民。推特希望给人们提供一种更加简洁的一对多沟通（当然，你也可以选择一对一沟通）方式（推文）。这是一种独特、快速而且有效的传播新闻和信息的方式，但是推特也不是一开始就像彗星那样耀眼。和我们提到的在线社交网站一样，推特也是找到了方法，从而获得了爆发式增长。

推特实现病毒式传播是在他们参加西南偏南大会（SXSW，即每年3月中旬在美国得克萨斯州奥斯丁市举办的集电影节、音乐节、会议等于一体的大型活动）之后。他们在大会上向所有与会者实况展现了推特早期用户发布的推文。推特在所有开会的地方都安装了电视屏幕，将带有#SXSW标签的推文实时播放出来，这种标签是推特发明的一项功能，指的是用户使用“#”符号对推特上的关键词和话题进行索引，从而便于人们对自己感兴趣的话题进行跟踪。

同时，他们还鼓励人们在推特上发布信息，如大会期间哪里的派对最热闹，哪些发言最精彩等。所有与会人员的目光都被遍布会场的大屏幕吸引住了，目不转睛地看着带有#SXSW的推文。正是从西南偏南大会的成功推广开始，推特发明了标签功能，并立刻成为了热门软件。

从以上例子可以看出，这些产品之所以能实现大规模增长，不是因为他们的产品有多了不起，也不是因为他们有巨额的营销预算，而是因为他们都有独特的营销渠道或火箭式增长战略。事实上，他们的增长战略没有一个需要大量的营销预算，甚至有的根本就没有营销预算。但是，每一个产品都找到了适合各自产品特性的增长战略，使他们不花一分钱就获得了几千名（甚至几百万名）目标用户。

# **爆炸式增长小贴士21：**你的增长战略不能是马后炮。一款好的产品如果配上差劲的或者老套的营销计划将会产生糟糕的后果。你已经制定好火箭式增长战略了吗？

## 愤怒越多，流量越多

我们之所以知道MNP（最后成为AYI）比IMFT更有人气、更好，是因为我们发现人们开始真正关心这个产品了。从MNP发布第一天起，这款应用的留言板上每天都能收到用户发来的几百条、几千条帖子。

帖子中有的是指责，因为我们也出现过疏忽。

人们不知道的是，我们只有一位程序开发员（麦克），他忙得不可开交。网站发展迅速，麦克需要维护网站稳定在线，这项工作已经让他不堪重负，实在没有时间再去开发针对同性恋群体的搜索功能。不幸的是，这个解释并不足以让畅所欲言的用户平息怒火。

尽管有这段不愉快的经历，我还是学到了重要一课，关于用户情绪背后的重要意义。人们对我的产品这么生气，这么积极地发表他们的看法，说明他们真的把我们的产品放在了心上。相反，如果没有人指责我的产品，这才是真有问题，因为这说明压根儿没有人关心它。

# **爆炸式增长小贴士22：**如果你的产品被人投诉，说明这款产品已经在人们心中占据了位置。如果没有人抱怨，则说明产品肯定哪里有问题。有人在抱怨你的产品吗？

## 愤怒意味着奇迹

虽然人们愤怒是因为他们关心产品，但这件事对我们来说并不意味着奇迹。愤怒有多重含义，但是其本身还不能构成奇迹。

愤怒是否蕴含了激情？是的。

用户的这种反应是否表明他们在乎你的产品？没错。

他们花时间来表达对你产品的反感是不是意味着你的产品已经值得用户花时间和精力去这么做？绝对正确。

但是到目前为止，我们还不能从中发现奇迹。奇迹发生的真正迹象是，用户愿意花时间告诉你他们有多么喜爱你的产品。

在忙于对产品进行测试的同时，我还养成了一个习惯，那就是阅读我们收到的每封客服邮件。每天，我们都能收到好几百封用户写来的邮件。这件事常常被大部分年轻的高管和首席执行官忽略（我认为这是一个错误），而正是通过阅读客服邮件，我们才获得了开发产品新功能、改进网站的好创意。

在阅读信时，我既感到有趣，又觉得很有收获。这不仅证明我的应用软件正在帮助一些人找到对象，过上更好的生活，也证明了我的怀疑，那就是属于我们公司的奇迹已经降临了。当时，没有一家社交网站可以进入用户的好友网络，寻找潜在的匹配对象或结识新的朋友。

# **爆炸式增长小贴士23：**阅读所有的用户来信。如果你看得仔细些，就会发现这些邮件中隐藏着巨大的宝藏。如果用户发来的邮件太多了，那就请人每周帮你整理一份内容总结，但是永远不要与你的用户脱节。上个月，你所有的客服邮件都阅读了吗？

## 倾听用户的需求和喜好

感受着那封用户邮件给我带来的乐观情绪，我又回到我原先的想法上来，那就是，如果我把一件用户正在做的事情变得简单10倍（10倍效应），那么我的产品就能成功了。

我想给我的产品增加一个筛选功能，使用户不用面对随机跳出来的几千条搜索结果，而是只浏览好友清单中的用户，从而在好友中找到匹配对象。如果说从几千条搜索结果中获得一个匹配对象是奇迹的话，那么从好友中获得一个匹配对象可以说是给奇迹插上了翅膀。这款功能让我们做出了最好的产品，一款用户们下线后也在谈论的产品。口口相传可以说是免费的广告，给我们带来了巨大的好处。有了这一功能，人们在聊天的时候就会先这样打招呼："嘿，做完我在AYI上给你点击了'喜欢'，你知道发生了什么？我们居然匹配成功了！是不是很有趣？慢着……那，这件事你是怎么看的？好像也没那么不靠谱，是不是？"

这种效应还在不断扩大。这种对比就像两个时期的马克·麦奎尔（美国前职业棒球运动员、教练），一个是奥克兰运动员队时期的马克·麦奎尔，一个是圣路易红雀队时期注射了激素的马克·麦奎尔。据称马克·麦奎尔在红雀队效力时注射的激素多得可以让米老鼠变成拳王泰森（美国前职业拳击手，世界重量级拳击冠军）。我们将"与好友配对"的概念应用到了用户激励测试中：只要用户能邀请到20位好友注册AYI，就能看到喜欢他们的朋友有哪些。测试结果好得惊人。

## 让AYI比竞争对手好十倍、百倍、千倍

历史上，伟大的产品都有一个特点，就是把别人已经在做的事情做得更好、更简便。这就是我在前文中提到的10倍效应。可以说，AYI解决了IMFT时期的所有痛点问题。

只要鼠标轻轻一点，用户就可以将自己的脸书账号里的照片、个人资料等信息导入到AYI，从而建立起自己的完整档案。另外，我们使用户的个人档案可以与脸书账号里的档案同步更新。这就意味着我们不再有陈旧的用户档案，而这恰恰是所有在线社交网站的通病。没有任何一家其他社交网站可以做到这一点。虽然我给不出具体数字，但是AYI比其他同类型网站不是好一点点，而是好太多了。

如果我们就此满足也没什么好奇怪的，但聪明人不会这么做。我们知道，我们需要把油门踩到底，继续创新，让AYI比竞争对手好100倍，甚至

1000倍。

当你与脸书这样的公司合作如此紧密时，很多人会以为你们是同一家公司，或者至少你是他们的相关公司。当时，脸书规定了每位用户邀请新用户的人数上限，这让我们收到了很多用户对脸书的投诉。这不仅让我意识到用户对我们两家公司都很在意，还给了我新的灵感。

我想："用户在我们的应用软件上认识人之后，需要回到脸书上把新认识的人加为好友。我们为什么不把这个流程大大简化呢？"于是，我们开发了一个新的功能，让用户只要点击下另一位用户，对方就可以在脸书上收到加好友的申请。当时，我们公司已经开始盈利了（而不是还像早几年那样仅仅是维持生存），所以，我们对这项功能进行了收费。事实证明，这款附加功能给我们赚了很多钱。

通过为用户开发绝无仅有的功能，我们逐渐被认为是行业内最有前瞻性眼光的公司之一。之所以能脱颖而出，是因为我一直把耳朵贴在地面上，倾听用户的需求和喜好。通过亲自阅读所有的用户留言和客服邮件，我知道了如何持续改进产品，为用户解决问题。在我们对产品做出一一改进后，AYI比所有竞争对手已经不是好10倍，而是好100倍了。

随着公司的发展壮大，公司的决策层和首席执行官往往会与用户脱节，因为公司会雇用越来越多的员工进行实际操作。一个讽刺的现象是，工资最低的员工（一般是客服代表）最了解用户体验，知道用户想要什么，但是他们却没有任何能力来跟进用户的问题和反馈。你可千万不要与自己的用户脱节。

\# **爆炸式增长小贴士24：**你有没有让公司的每位员工（包括管理层）每季度花一小时待在客服部门，接听用户电话，回复客服邮件？

## 高颜值功能

AYI最成功的附加功能之一诞生于我与公司一位早期工程师那扎尔的一次无伤大雅的对话。有一次，我们在对另一项功能进行测试，在那扎尔的应用软件上浏览用户档案时，我忽然发现一个问题，于是就问："怎么我看到的每个用户都是金发碧眼的大美女？"

那扎尔回答道："我不想告诉你，因为我怕你会生气。"

我很平静地说："我不会生气……事实上，我几乎从不生气。"

他心虚地说道："克里夫，我们有很多用户。有些用户长得不是那么好看，而我恰恰就很喜欢外表漂亮的女人。所以，我就开发了一个功能，在浏览档案时只会显示那些长得漂亮的女性。

我沉默了，把他的话仔细斟酌了一番，并没有在意他语句中明显的浅薄之处，然后告诉他："你真是个天才！"

我接着问道："这个功能的原理是什么？"

他答道："其实这很简单。我是看一位用户被多少人喜欢，被多少人忽略，然后根据这个比例设定这位用户的魅力指数。在这个基础上，我创建了一个筛选器，只对我显示魅力指数最高的女性群体的档案。"

我立刻就决定要把这个做成对用户收费的附加功能，并把它称为"高颜值功能"。当然，这款功能也为我们赚了不少钱。

**# 爆炸式增长小贴士25：**试着雇用一些会使用你产品的员工，因为他们会为你贡献极好的创意，而且比不用你产品的员工表现更好。你的公司是不是至少有20%的员工经常使用你的产品？

## 最好的创意来自最想不到的地方

和灵感一样，天才般的创意也会来自你想象不到的地方。例如，“高颜值功能”是我们公司的摇钱树，但是这个想法是我偶然与一位工程师一起工作时产生的，而且我当时并没有认为他很肤浅，只是根据我的观察问了一个问题。

这是一个很典型的例子——最好的创意并不一定是由公司里拿着薪水负责提出创意的人贡献的。我就看到，一封用户邮件，一位对在线社交一无所知的工程师，或启发，或设计出了我在成立公司时根本没有想到的软件功能。

当我意识到好主意会来自出其不意的地方时，我就决定每个月面向全公司定期举行头脑风暴会议，只要有好主意，任何人都可以在会议上进行分享。

**# 爆炸式增长小贴士26：**每月举办头脑风暴会议，每次设定一个主题如“产品新功能”，或者设定一个具体目标，鼓励公司全体人员都参与进来。你近期有没有举办过公司全体人员参加的头脑风暴会议？

## 利用时效效应趁火打劫

与在脸书上病毒式传播、功能开发相比，网站优化更加重要。我们要确保我们的网站不仅性能好，而且稳定性高，不会出现严重的迟滞问题。

不管什么时候，AYI都会有几万、几十万的用户同时在线，这很可能会严重影响网站性能。那时候，很少公司有应对如此多的用户同时登录的经验，因此这个问题需要我们高度重视。

当时，我们在脸书上有一位竞争者，是一个新的应用软件，叫Matches（注意，不是之前我提到过的、那个以为我们在车库里办公的大公司Match）。他们当时的增长速度简直疯狂。因为增长太快，这款应用软件开始遇到严重问题，例如经常崩溃。最后，这款应用软件的所有者决定把它下线一周，以重写代码，确保新上线的版本可以应对大批用户的涌入。这是一场赌博，但我确定，他们一定知道不解决这种网站的稳定性问题，他们将无法继续发展。在某种程度上，我很钦佩这位所有者的决心和坚定，他面对困难当机立断，用极端的方式来应对这一问题。但是我想，他们无法从下线一周中恢复过来。如果我们遭遇了相同的命运，也许我们公司也一样会完蛋。

我们所剩资金不多了，也走到了企业存亡的关键时刻。AYI必须充分利用最大对手下线的机会——“趁火打劫”。同时，我们必须确保不会陷入与他们相同的境地。如果说要抓住机会的话，这就是我们的大好机会了。于是，我决定从外部聘请一家网站优化公司，对我们的代码进行检查和优化，使它可以更好地处理当前以及今后的用户访问量。为了网站优化，我们投入了大量资金，因为我们请的是业内最好的公司。我给出的指示也十分明确：在任何情况下，我们的网站都不能下线。

这笔投资很值得——我们的网站从未崩溃过，而且比以前速度更快了。等Matches回归时，我们已经获取了几十万用户，而他们再也没能重整旗鼓。我无比坚信，如果当时我们没有进行那笔有些冒险的大投资，或者如果Matches在优化网站时没有选择下线（假设他们有资金支持的话），品尝成功喜悦的人可能就是他们了。

**# 爆炸式增长小贴士27：**“迟做总比不做好”，这句话对于维护网站稳定性来说不合适。用户是无情的，如果你的产品有问题，他们就会很快选择下一家。你有没有积极地应对网站稳定性问题？

知道何时要承担巨大风险并在承担风险时请来最好的人才，这是我们公司学到的最重要的经验之一。如果将来我再次创业，只要有必要，我还是会毫无疑问地这么做。

## 赏金猎人

当像Match（就是那家以为我们在车库里办公的大公司）这样的行业领袖在媒体上数落你时，这意味着你已经成功引起了关注。当有家企业说他们要使出浑身力气把你公司搞垮时，这意味着你不仅已经引起了关注，而且你还是坐着豪华轿车走进了众人的视线，并且你下车时立刻就被狗仔队的相机包围了，他们迫不及待地要将你的照片卖给最近的小报，因为明天的头条新闻等着要用。

脸书并不是从一开始就是今天这样的大公司；曾经他们也是一家初创

企业，在对外管理方面还比较粗糙，有待打磨。一开始，脸书对开放平台上的应用软件丝毫不加管理，以至于应用软件可以随便把广告发到脸书用户的个人主页上去。当然，我们都知道，创业者为了刺激增长会想出很多办法，既然脸书给了他们自由，他们自然得寸进尺，直到你不得不像对待小朋友那样，把他们的手甩开，让他们离放饼干的盒子远点儿。很多应用软件就是利用了脸书开放平台的无人管理，用大量的垃圾邮件对脸书进行轰炸，使脸书的用户界面一团糟，最终损害了脸书的用户体验。

正是因为脸书在一开始的时候没有制定规则，一些企业就借机使用不光彩的手段实现了快速增长。但是我不想与他们同流合污。我一直问自己：“我可以面不改色地对我们的投资人或脸书公司说，我们采取的这一行为是正当合理的，并且提高了脸书的用户体验吗？”如果我在回答这个问题时面有愧色，那我绝对不会去实施这一行为。

即刻互动永远不会做出有损用户体验的不道德行为，不管这会给我们带来多大的好处。我们是一家上市公司，因此我们必须对这类行为保持警惕。同时，这类行为也不符合我的个人价值观。我之所以创业，是因为我想用创新给人们带来更好的生活，而不是成为一个乱发垃圾邮件的混蛋。

我们的立场为我们与脸书保持良好合作关系起到了关键作用。几年来，我们有好几个竞争对手都被脸书禁用了，而我们却成了脸书的宠儿，并最终在他们的精选社交网站“白名单”中占据了一席之地，从而被允许在脸书平台上进行推广。对一个新公司来说，获得这种机会是很不容易的，而“白名单”的设置也让那些做事不光彩的公司处于更加不利的地位。

鉴于某些应用软件不够自觉，脸书不得不出台了相关规定和政策来限制他们的不合理行为。不幸的是，这些公司和脸书开始玩起了斗智斗勇的游戏。当脸书针对某个问题出台了一项规定时，那些不良公司就会想出对策，既能符合脸书的规定，又能继续开展他们的不道德行为。同时，脸书的规则调整频繁，让我们难以追赶，有时稍不注意就会违反了某条规定。

就在这个让人无所适从的阶段，我们参加了一次脸书大会，AYI是作为脸书平台十大应用软件、最大社交应用软件参会的。我们的火箭式增长战略已经正式实施，并得到了快速推进。当时，我们以“最了解在线社交的网站”“利用脸书社交网络进行病毒式传播和实现快速增长的专家”而知名。

在这次大会上，脸书的一位高管把我拉到一边，悄悄告诉我，会上有家大公司计划将其他的应用软件公司全部干掉。他们筹措了大笔资金，组建了人数最多的程序开发团队，所以他们完全有金钱、有能力说到做到。

幸运的是，脸书将我们视为开发平台上的优质应用，因为我们的确一直遵守着脸书制定的规则。鉴于这种良好的合作关系，脸书的领导层与我们保持着经常性沟通，这也是为什么他们在这次大会上给我们善意提醒的原因。

这位“线人”继续给我们透露消息。这家公司消灭竞争对手的策略是把竞争对手每次违反脸书规则的行为向脸书汇报。更险恶的是，他们居然雇用了一名全职人员——类似于赏金猎人这种，他的唯一任务就是捉拿即刻互动。

我的“线人”告诉我，脸书的规则和政策变来变去，的确难以跟上脚步，但是如果他们收到报告，说我们没有遵守脸书的规则或政策，那他们也别无他法，一定会采取行动。所谓行动，肯定是严厉的，例如让我们的应用软件彻底下架等，这和宣布了我们公司死亡没什么两样。

## 模仿是最真诚的恭维

模仿是最真诚的恭维。

——查尔斯·凯莱布·科尔顿（Charles Caleb Cotton），19世纪英国作家、神职人员

即刻互动很快就被狡猾的竞争对手包围了，他们不惜一切要毁灭我们，还有抄袭我们的公司，孜孜不倦且不知羞耻地模仿着我们软件最好的功能。我不知道这是不是他们的恭维，但是这种形式的模仿真让人消化不良。

Hot or Not是我们当时的主要竞争对手。Hot or Not是一个照片评分和在线社交网站，用户可以对其他用户在网上提交的照片评分，并通过网站的配对搜索服务进行在线社交。我们是最大的两家在线交友应用软件，有一阶段我们还探讨过携手合作的机会，但是合作从未发生过。发生过的是他们抄袭了我们实施病毒式增长的每一个步骤，甚至连网页页脚上的错误都一起抄了过去。模仿是一回事，但这可是彻头彻尾的克隆。

Hot or Not不是一家新公司，可以说他们是在线社交应用软件的发明者，也是第一家制造了病毒式传播奇迹的公司。他们对我们产品功能的痴迷以及对我们原创的无耻偷窃更像是一种出于绝望的举动。很可能因为他们的行动总是比我们慢两拍，所以Hot or Not的用户活跃度呈现了稳定的下滑。他们不知道，我们经常对产品进行测试，出来的应用已经是经过了无数次迭代。而他们很可能永远在运行着抄袭来的、没有经过测试的低劣版本。最终，正义赢得了胜利，Hot or Not陷入了绝望，只能出售，而AYI一直笑到了现在。

这次的抄袭事件让我深刻地领悟到：如果业内一家最知名的、最成功

的大公司看上了你的智慧、你的产品、你的独特性从而不得不抄袭你以换取生存，那么这说明我们一定做了很多很了不得的事情。

# **爆炸式增长小贴士28：**当一家竞争对手开始抄袭你的产品功能时，你绝对可以把他们从对手名单上划掉，因为这说明他们创新的源泉已经枯竭了。你有没有在抄袭别人的产品功能？

## 顶级人才与员工的安全感

事实表明，我们在某些事情上做得十分出色，但是对于另外一些事情，我仍然希望能有第二次选择的机会。如果让我带着今天的认识回到过去，也许我会在某些重要关头做出不同的决策……也许不会。

如果让我形容一下什么是遗憾，我会说就是那种让你胃不舒服、整晚失眠的焦虑和不安。如果你因为太过纠结于遗憾从而失去了对未来的希望，那么这种遗憾将变得十分糟糕，令人难以忍受。但是成功的企业家不会让自己陷入此等境地。我举这个例子也并非要沉湎于过去（因为我早已从这种遗憾中走出来了），但是正如辛纳特拉在歌中所唱："遗憾……我有过一些。"这是美国著名歌手弗兰克·辛纳特拉（Frank Sinatra）的歌曲《我的方式》（*My Way*）中的一句歌词。

在脸书上实现了爆炸式增长后，有些公司对我们进行了围追堵截，有些公司则明目张胆地对我们剽窃。这时，有一位风险投资人找到了我，向我提出了一份我无法拒绝的提议——但是我还是拒绝了。

这位风险投资人让我飞到硅谷去见他，我答应了，因为这可能意味着有大笔钱正在朝我们飞过来。等我到了硅谷，他告诉我，即刻互动做得十分成功——产品很棒，增长很快，他们想参与其中。他首先表示希望能够投一大笔钱到我们公司，然后聊起了这笔投资的具体安排。

“让我们好好聊一聊，”他说，“有了我的投资，你们会成为世界上最大的社交网站。在Match.com当前市值的基础上，再加上你们的预期增长，我想你们的市值会达到十亿美元。”

他的想法是，我们可以用这笔投资在脸书上获取几百万新用户，从而加速公司增长。只要有了这笔投资，我们轻轻松松就可以很快获得五千万至一亿名新用户。这个假设很简单，但是推论却毫无问题，我对此毫不怀疑。

“我们给出的条款将十分诱人，但是有一个条件：你必须要同意搬到硅谷来，带上你的公司。”他揭晓了答案。

我不禁问道：“为什么？”

“因为脸书所有的顶级工程师都在这里，并且，我希望你们能直接与他们对接。你们在纽约是无法与硅谷的小公司竞争的。”他说道。

很不幸，我完全赞同他的想法。我们从创业之初就能拥有麦克·舍尔洛夫、吉姆·萨普尔这样的顶级专家实属天大的运气，但是要为团队再增补人才的确十分困难，因为不像硅谷，纽约地区并没有那么多的顶级工程师。

我完全赞成，高科技行业的核心是人才。但是我也知道，那些为我的公司打下坚实基础、为公司增长立下汗马功劳的核心成员，他们的根在纽约。此外，我的兄弟达瑞尔（同时也是公司的联合创始人）和我的父亲都住在纽约地区，他们从公司成立之初便参与了大量公司事务。其他的核心员工，如吉姆和麦克，也必须考虑在内。这两人谁也不可能从他们的长岛大本营搬出去。要我把公司搬去硅谷，这可不是个好主意。

怀着遗憾的心情，我对这位投资人说："这是不可能的，谢谢您。"

"你必须要知道，"他重申道，"现在我口袋里有一张一千万美元的支票，今天我就要把这张支票给出去。如果你想要，这张支票就是你的。但是，如果你不要，我就把它给一位已经在硅谷发展的人。一旦他拿到这张支票，就立刻会成为你最大的竞争对手。"

我还是把最终决定告诉了他："我明白您的意思，但是我不会搬来硅谷的。"

这段对话我从未告诉任何人，因为风险太大了——我甚至担心会吓到别人。我不想让公司的人担心我们随时会搬去硅谷，这很容易就会让他们——甚至是那些极有才华的员工——在这种不安中失去工作上的专注力。所以，在很长一段时间内，我一直保守着这个秘密。

这件事过去没多久，Zoosk（我们最大的竞争对手之一）募集了大约两千万美元风险投资。他们随后宣布自己的增长计划，令人不安的是，他们的计划与我那天在硅谷的交谈如出一辙。Zoosk开始像热带岛屿上喝醉酒的度假水手那样大把大把地花钱。这家公司利用这笔新发现的财富获取了几百万的用户，并最终从规模上超越了我们。

如果那天我答应了这位投资人会怎么样？我们肯定会冒险走上另外一条不同的道路。Zoosk在短期内市值一下就达到了几亿美元，甚至在某个阶段已经准备大规模上市。他们最终还是陷入了挣扎，因为他们的产品无法与我们的产品媲美。但尽管如此，他们现在还是屹立不倒，并且收益比我们的多了好几倍。

很有意思的是，我在拒绝这一千万美元时，话刚一出口，我就后悔了。

就长期来看，接过这笔钱是对公司做出的最明智的决定。但是，对于当时的我来说，员工就是一切。我不想失去与员工的这份羁绊，在公司一切顺利的时候突然引起巨大的人心波动。

让我遗憾的是，我甚至丝毫没有过考虑搬迁公司的可能性——当时我就像踩死一只臭虫一样把这个想法给踩死了。也许，我可以与员工们先商量下，也许他们会愿意搬去硅谷。即使他们不愿意搬走，至少我与他们进行了沟通，也可以在事后向他们保证不用担心公司会搬走。

## 必要的应急预案

以我自己的方式做事感觉总是很好，但是这并不意味着我不能时不时地改变自己的做事方式。每隔一段时间就会发生一些事情，让我清楚地认识到我得做出改变，有时甚至是巨大的改变。

> 拉上窗帘，关上灯，不要开门，不接电话。大家都不要出声，远离窗户……当某个厂家打来推销电话，或者催缴账单的人突然出现时，大部分人都会做出这样的反应。

现在，想象一下，即刻互动就是那个催缴账单的人，硅谷一家知名的大型广告商就是那个躲避在他们富丽堂皇的大厦里的人。这家广告商欠了我们九万美元（差不多是我们月收入的一半），还不打算还钱。

就在这家我不点名的公司决定偷走我们九万美元广告收入的两周前，我们双方开了一个会，会上他们给我们指定了一位个人账户代表，并告诉我们，他们非常重视我们之间的宝贵合作关系。两周以后，这些善意的示好和表态统统不见了，我们之间的沟通渠道也统统关闭了。我们给他们打了好几次电话，想要把账收回来，但是却没有得到一点答复。他们从人间蒸发了。

这家广告商资本雄厚，九万美元对他们来说实属九牛一毛，就像十美元之于我们公司，五分钱之于普通美国民众。所以，他们不给钱的理由绝对不是因为没钱。我怀疑是另一家在线社交网站为他们做了更多的广告，业务量比我们多得多，所以他们胁迫这家广告商终止了与我们的合作。我永远无法证明这个怀疑，但这是我唯一能想到的合理解释。

一直以来，AYI走的是基于广告的盈利模式（这一点我在下一章会展开叙述）。当这位占据了我们月收入一半的广告商客户决定不付钱时，这给我们造成了不小的麻烦，也大大拓宽了我们的思路。我们已经过于依赖脸书为我们提供数百万的用户，这家公司堂而皇之的欺凌、赖账行为——更贴切地说是重大盗窃犯罪——让我意识到，我们还过于依赖一家广告商带给我们的收入。我想，如果有更多的广告商破产了或者赖账了，那我们应该怎么办？

我的结论是，我们必须更多地把命运掌握在自己手里。一个途径是从基于广告的盈利模式转变为基于用户订阅的盈利模式——但是，这么做真的对吗？

# **爆炸式增长小贴士29：**如果你公司最大的收入来源不付钱了或者消失了，你的公司还能撑过至少6个月吗？现在就制定一个应急预案吧。

第六章

# 抓对时机，盈利从 300 万美元飙升至 1900 万美元

抓住时机，坚韧不拔，加上十年奋斗等于一夜成功。

——比思·斯通（Biz Stone），推特联合创始人

到2009年11月，即刻互动已经成为业内知名公司，因为AYI已经是网上最大的、用户活跃度最高的社交软件。在脸书开放平台上，AYI在所有应用软件中的排名一直稳定在前五名，甚至一度跃升至第二名。当时，已有两千万用户下载安装了AYI，每月有数百万用户在使用我们的软件。但是，我们还在为一个令人抓狂的问题困扰：我们周围充斥着大量与我们类似却在各个方面都不如我们的应用软件，他们要么估价已经达到了数亿美元，要么就是以数亿美元的价格被售出。但是，作为一家已经上市的公司，

我们仍然无人问津。

我们的快速增长和庞大的用户规模依旧没有引起华尔街的重视，而我们公司的市值连一千万美元都不到——不比一家除了创意什么也没有的初创企业高多少。我们试着募集资金，但是在寻找投资人时成功的概率只有0∶100。没错，我们接触了一百多位投资人，但是没有一家有兴趣给我们提供资金，他们给出的理由也是千奇百怪。

鉴于我们公司已经上市，大多数风险投资公司已无法对我们进行投资，因为他们主要是靠培育企业上市获得高额回报。于是，我们只能接触股票市场的投资者，如对冲基金。但是，因为公司估值一直低迷，加上我们是在美国场外柜台交易系统进行交易（因为我们的市值不足以在纳斯达克进行交易），而美国场外柜台交易系统（Over the Counter Bulletin Board，OTC BB）是由美国纳斯达克的管理者全美证券商协会（NASD）所管理的一个交易中介系统。早期，一些企业的股票在交易所外进行交易，于是形象地称为场外柜台交易。与纳斯达克相比，OTC BB门槛较低，对企业没有任何规模或盈利上的要求。

大多数的对冲基金因为法律原因不允许对我们投资。我们也想过是否要从股市退出，但是退出的过程极为复杂，而且会牵扯我们过多的精力。另一个对我们不利的因素是，华尔街对脸书这家新兴公司还不熟悉，对于它的未来前景还没有把握。综上所述，我们完全陷入了进退维谷的两难境地。

与此同时，Zoosk刚刚募集了约四千万美元的风险投资，Zynga（一家在线游戏平台）募集了五千万美元。眼睁睁地看着我们的竞争对手们个个财大气粗地抢用户、做营销，如果他们愿意的话，甚至可以给办公室添置几台镀了金的桌上足球机，而我们只能面对着巨大劣势一筹莫展。在这种情况下，继续实现病毒式增长已经变得十分困难，所以，我们必须行动起来，把我们之间的差距拉平。

基于广告的盈利模式并没有使我们的情况得到改善，因为在这一模式下，根据当天的市场情况，我们每天的收入波动最高会达到50%。当市场转冷时，我们的盈利会大幅下跌。此外，我们的网站只要下线两小时，当天的广告收入就会迅速削减10%左右。虽然我们在短短两年内就实现了可观的增长并获得了利润，但其实一年之后，我们的盈利增长幅度就开始停滞不前，从2008年到2009年仅仅增长了5%。到了这个阶段，我们已经不清楚该怎么做才能带来盈利的爆炸式增长——也不知道投资者究竟想看到什么。

| 年份 | 盈利（美元） | 年增长率 |
|---|---|---|
| 2007 | 425,000美元 | 不适用 |
| 2008 | 3,012,000美元 | 609% |
| 2009 | 3,171,000美元 | 5% |

## 从广告转向用户订阅

我们需要改变我们的赚钱模式。我们想掌控自己的命运，但是基于广告的盈利模式却太过不稳定。因此，很明显，我们只能选择当时在线社交网站已经普遍采用的基于用户订阅的盈利模式。

用户订阅量较为稳定，而且容易预知，这使得我们可以对未来几个月的盈利的资金流做出准确的预测。一旦看到未来将产生源源不断的收益，人们对当前投资的信心也会得到提振。因为一位用户赖账就损失月收入一半的日子就要宣告结束了，而且，就算我们网站下线也不会对用户订阅量产生影响。

从基于广告的盈利模式转向基于用户订阅的模式应该毫无问题，是不是？并非如此。一直以来，我们为用户提供的所有服务都是免费的。我应该如何开口，告诉用户说："嘿，谢谢你使用我们的在线社交网站。过去它是免费的，但是从现在开始，要使用同样的服务，你可能每个月要支付10美元、20美元或者30美元。"

## 测试

如果直接对我们的用户来上这么一手无疑是愚蠢至极的——可以看成是愚蠢的"10倍效应"，这一点我们心知肚明。我们十分清楚，在转型时必须如履薄冰。因此，我们先用3个月时间开展了严格的测试，然后再有条不紊地实施了新的盈利模式。但是这样就足够了吗？

首先开始测试的是我们的第二大市场——英国，我们实施了一些不同的消息传递模型。3个月后，我们计算了新的盈利模式对收入和用户的影响。数据清楚地表明，虽然软件的使用量快速下滑，但是我们的收入立刻就比用户首次订阅时增加了一倍以上，甚至在接下来的每月累次订阅后，收入仍然在上升。

我们相信，通过获取付费用户，3位数的盈利增长可以让我们更快地获取新用户。这可以让我们弥补短期内因突然收费而产生的用户增长下滑和软件使用量下降。最后，我们认为这次的测试结果无比成功，所以就正式实施了新的盈利模式。

怀着聘请更多员工、实现3位数增长的憧憬，我们在全系统内开始实行了用户订阅模式。

## 结果

一开始，我们的预测完全正确：我们的收入呈现了爆炸式增长，连续12个季度一路攀升，从每年盈利300万美元飙升至了每年盈利1900万美元（无论从那个方面看都是非常惊人的表现）。这让我们赢得了很多奖项，也给我们制造了不少恶名。通过有条不紊地进行转向，从盈利的角度看，我们真正实现了爆炸式增长。

| 年份 | 盈利（美元） | 年增长率 | 较2007年增长率 |
|---|---|---|---|
| 2007 | 425,000美元 | 不适用 | 不适用 |
| 2008 | 3,012,000美元 | 609% | 609% |
| 2009 | 3,171,000美元 | 5% | 646% |
| 2010 | 6,669,000美元 | 110% | 1,469% |
| 2011 | 19,156,000美元 | 187% | 4,407% |
| 2012 | 19,247,000美元 | 0% | 4,429% |

## 下跌90%

在我们收入增长的同时，我们的用户使用量却在稳步下滑，跌至了50%左右。因为有之前在英国开展的测试做铺垫，这完全在我们的预料之内，并没有让我们陷入恐慌状态。而且我们的计划是，利用增加的收入扩大市场营销，获取更多新用户。我们认为这一定会抵消掉因为收费而造成的早期用户流失。但是，好景不长，我们有些地区市场的用户使用量甚至跌落了90%。虽然我们的盈利的确呈现了爆炸式增长，但这对我们无疑是当头棒喝。同样出乎意料的还有，在经历了初期的收入持续增长后，仅仅几年后，我们的盈利便开始下滑了。

用户使用量的下滑带来了用户体验的恶化。突然，逆向网络效应开始作用于我们。如果一个用户每个月花10美元购买在线社交服务却看不到稳定涌入的新用户档案，那这10美元花得有什么意义？负面效应还在继续。用户已经习惯了免费使用我们的软件，现在却要他们付费，这让他们越来越不满。但是，谁又能怪他们呢？

在应用软件的世界里，用户的评论就是一切。很多潜在用户都是先看别人的评论再决定是否购买。我们不仅在脸书上被无数愤怒的用户骂得体无完肤，我们为苹果手机用户新发布的应用软件也得到了大量负面评论。

### 学到的教训

事后看来，从这一经历中我们学到了一些教训：

- 我们对样本的测试时间还不够长，以至于我们无法得知盈利模式的改变对公司产生的长期影响。尽管我们对基于用户订阅的盈利模式测试了3个月，但是在全系统运行之前，我们还是应该先发布一个6到9个月的试行版。

\# **爆炸式增长小贴士30：**对盈利模式的测试需要好几个月的时间才能看出对用户增长和用户保留的真正影响以及长期效应。过早得出结论可能会对公司造成严重损害。你在进行关键测试时，是不是在看到具有统计学意义的结果之后再得出结论？

对于用户之前免费享受的服务，你不能现在让他们每个月付费订阅。这会让他们愤怒，对你的产品给出十分糟糕的评论，也会使你与用户的关系恶化。这也证明了我之前提出的观点：恨你，说明在乎你。

\# **爆炸式增长小贴士31：**对于用户已经习惯免费享受的服务，永远不要向他们收费。他们会反抗，给出差评，从而给你的公司带来无法挽回的损失。你有没有计划对目前免费向用户提供的服务进行收费？

我们当时应该更深入地思考如何才能更加明智地向用户订阅模式转型。如果当时经过了深思熟虑，我们会先对新开发的以及更高级的功能进行收费，而用户可以继续免费使用软件的基础功能。

\# **爆炸式增长小贴士32：**开发出新功能向用户收费，不要在以前免费开放的功能上赚钱。

## 增加每位用户的生命周期价值

做生意就是要一直想办法赚钱，而让现有用户花更多的钱（一般是花在新开发的功能上）比获取新用户要简单得多。这就是所谓的增加每位用户的生命周期价值（LTV）。

当我们实施用户订阅模式时，一位用户的生命周期价值上限约为每月20美元。之后，虚拟礼品这一功能为我们创收打开了另一扇窗户，使我们大大提高了每位用户的生命周期价值，同时也让我们从财务上恢复了元气。

虚拟礼品是指人们可以在网上通过消息互相发送的物品图片，它们可以是玫瑰、金钱、钻石戒指、金条、汽车等一切东西。当时，这一功能已经在所有的信息发送应用上盛行，但是还没有蔓延至在线社交领域，直到我们首先将它们引入。

在我们的应用上，虚拟礼品大部分是男性用户使用，一个独特的虚拟礼品可以使他们在追求漂亮女生时从一众竞争激烈的男性追求者中脱颖而出。大多数男生都是送相对比较便宜的虚拟礼品（例如花几美元买束鲜花），但是也有人会送比较贵的礼品，比如五十美元一根的金条，这无疑表示，这个人手上有不少余钱，而且对这个女生是认真的——女生想要的不就是这两样嘛！一旦意识到了这一点，我们就在人们发出的礼品信息上附加了价格标注功能，这样收到礼品的人一眼就能看到这个礼品有多贵。

有了虚拟礼品，“大鲸鱼们”（想通过花大把钱从人群中脱颖而出的人）就会在每个月订阅费的基础上无限制地花钱，从而提高了我们的收入和每位用户的生命周期价值。

虚拟礼品的逻辑是，每个人都在比赛谁花的钱更多。从心理上讲，世界各地的男人在虚拟世界的这场比拼其实不奇怪。几个世纪以来，只要他们收入允许，男人们就一直在用珠宝、跑车、豪华酒店等任何东西试图打动女人。为什么这场竞争不能延伸到虚拟世界呢？

有趣的是，国家的有些男人还是会一掷几千美元购买虚拟礼品，而且他们常常买的是金条。

差不多与此同时，脸书上有一款应用叫“乐趣礼品屋”，创始人是一名成功的企业家亚当·格莱斯（Adam Gries）。这款应用可以使用户将一些不大雅观的图片发给朋友，博君一笑。“乐趣礼品屋”获得了巨大的成功。亚当在谈到他创建“乐趣礼品屋”时是这样说的：

> 我创建“乐趣礼品屋”是受到当时一款很流行的虚拟礼品应用“免费小礼品”（Free Gifts）启发，它的创始人是扎克·阿里亚（Zach Allia）。它的快速传播机遇在于，用户可以把一个礼品一次性群发给20位好友，之后脸书会给这20位接收人发送礼品提醒，这20位接收人必须下载“免费小礼品”软件才能查看。我就想，既然这个产品（“免费小礼品”）已经这么成功了，我只要把它稍微调整下，面向更有这方面需求的小众群体，再给它取一个有挑逗性的名字（“乐趣礼品屋”），那么一定会取得成功。很显然，如果我自己收到一个虚拟的乐趣礼品，我会觉得很惊喜。想象一下，你收到一条通知：“亚当给你送了一个礼物，请点击这里查看。”再对比下另一条通知：“亚当给你送了一个乐趣礼物，请点击这里查看。”道理很简单，人们会对性感的东西格外感兴趣，如果再点燃他们的好奇心，就会有火上浇油的效果。在短短几个月时间内，我们就迅速积累了好几百万用户，得到了媒体的广泛报道，其中就包括《纽约时报》。在我们的应用达到一定规模后，我们就把它出售了。

我们也想把这个乐趣礼品放到我们的虚拟礼品中来。但是当时我们还被那家公司严密监视着，他们正在寻找我们违反脸书规定和政策的证据。

为了变被动为主动，我们决定正视这一问题，主动联系了脸书公司，请他们对我们的虚拟礼品图片把关，看哪些是他们能接受的，哪些则不能接受。我们给他们发了一封电子邮件，里面附带了一堆图片，问道："烦请告知哪些图片能够使用，哪些图片不能使用。"脸书公司政策部给了回复，这也是最让我高兴的邮件之一，里面清楚地写道："我们认为大部分图片都没有问题，但是，恐怕我们无法接受。感谢您来信咨询！"

## 你好，马克·库班

虽然转向用户订阅模式使我们的用户使用量受到重创，我们的盈利数字还是呈现了爆炸式增长，因为我们依旧有着绝佳的用户体验，并且我们一直在添加很多用户喜欢的新功能。同时，我们的股票还是很便宜（离2010年12月末还有几个月时间）。尽管华尔街仍然在忽视我们，但是我们在脸书社区已经声名卓著了。对于懂行的投资者来说，我们应该是一笔很有潜力的买卖。

说到懂行的投资者，有一天我在查看股东名单时，赫然发现了马克·库班的名字，他居然是我们公司的大股东之一。对我来说，这个发现真是令人兴奋。他从未联系过我，所以在这之前我们压根儿不知道他是我们的股东。于是，我联系了他，后来，我们聊到是否应该携手合作。他有一些开发新应用的设想，希望由我们来负责。我拒绝了他，就像那天我拒绝那位风险投资人的大额支票时一样。

与此同时，我被介绍给了其他一些明星企业家，例如畅销书作家蒂姆·菲利斯（美国作家、企业家、公共演说家）和加里·维纳查克（两位都想加入我们的董事会）。

一切都发生得太快了。但是作为一位企业家，我始终想保持我在创业中的注意力。我之所以拒绝库班、菲利斯和维纳查克，是因为我不想失去我们在在线社交领域的市场定位。库班想开发的并不是社交软件，而我也不想让自己的精力和资源被稀释。当时，我要操心的事情很多——那家"赏金猎人"公司、抄袭、盈利模式转变、管理正在成长的公司等。我总是对自己说："如果我最后创业失败了，那绝对不能是因为精力分散。"

现在，当我有机会回望过去，我发现我不该拒绝那位亿万富翁和这几位创业传奇。但是，我会把这个教训带到我下一段创业中去。我只是做了我当时认为正确的决定，知道这一点，我就足以自我安慰了。

### 亿万富翁法则

我后悔没有与马克·库班合作吗？

后悔。

我后悔没有让蒂姆·菲利斯和加里·维纳查克加入董事会吗？

绝对后悔。

拒绝这些机会是错的，因为我当时不知道成功企业家的另一条重要法则，那就是：

你的水平就是与你共处时间最多的5个人的平均数。

——吉米·罗恩（Jim Rohn），励志演说家

**# 爆炸式增长小贴士33：**写下与你共处时间最多的5个人的名字。如果你的水平是这5个人的平均数，你感到高兴吗？如果不高兴，也许是时候升级一下你的核心团队了。

带着这一法则，我们再来看库班、菲利斯和维纳查克。如果他们是与我共处时间最多的5人中的3位，那么我就被非常优秀的人包围了。老实说，我也不知道与他们每个人相处的时间会有多长，因为董事会成员对公司事务的参与因人而异。但是，我在这件事情上的确是目光短浅了，因为我没有意识到与最聪明、最成功的人共事会带来更好的结果。也许，他们中会有一位成为我的导师，帮助我终有一天实现梦想——成为一支NBA球队的总经理或老板（你好，马克·库班？）。其实这是一个调侃，因为马克·库班就是达拉斯小牛队的老板。

几年后，为时已晚，我的好朋友、导师安德鲁·韦恩莱克向我传授经验：任何时候，如果有一位亿万富翁要与你合作，永远不要说“不”。他将之命名为“亿万富翁法则”。

**# 爆炸式增长小贴士34：**如果有一位亿万富翁要与你合作，永远不要说“不”。你有没有充分挖掘过与亿万富翁合作的机会？

我希望当时的我能更深入地思考是否与这三位企业家合作。选择关注自己的核心业务而不是进军不熟悉的领域，这是一个很大的错误吗？我不太确定。可能最理想的做法是，一方面开发迎合所有人兴趣的产品，另一方面保持对核心业务的专注。

第七章

# 推动式增长带来暴利：一周赚了 7800 万美元

一百万美元没什么了不起。你知道什么才是了不起？十亿美元。

——肖恩·帕克，电影《社交网络》

2010年9月，彭博新闻社的记者给我们打来电话，说道："你们要不就是未被华尔街发现的最佳上市公司，要不就是你们公司的数据有问题。我想给你们写一篇专题报道，或者先去你们公司了解下情况，看看有没有值得被报道的素材。"

我说："没有问题，我们欢迎你的到来。"

当他抵达我们办公室后，我们给了他所有权限，使他可以接触任何想了解的人和事，包括我们的员工和数据。他用了几个小时与每个人交谈，

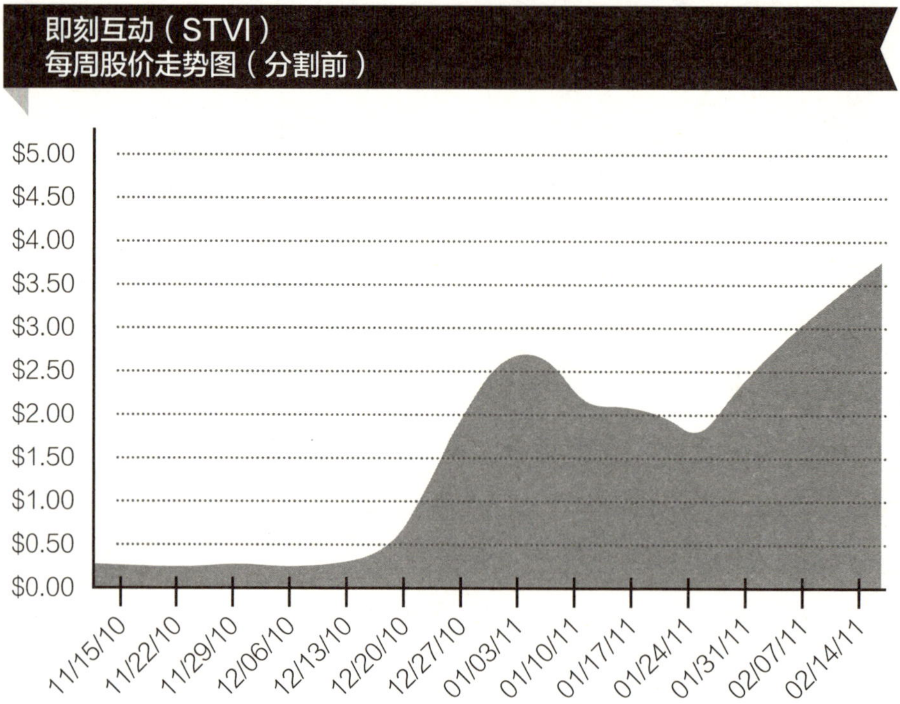


对我们公司的数据进行了核查，确保没有问题，然后就静悄悄地离开了。之后的3个月，他就消失了，我们没有收到他的任何音讯，直到12月22日这一天，也就是我们公司真正实现了爆炸式增长的那一天。

就在那天，他打来电话，问我们是不是把办公室搬去了哪里的车库，也就是本书一开始的故事。

就在第二天，一篇题为《脸书网友寻求浪漫，推动应用增长》的文章就出炉了，这篇文章称我们为“社交的未来”“上市公司中有待发现的宝石”。

也正是在第二天，Match.com的首席执行官格里高利·布莱特在这篇文章中将我们说成是“一个用来调情、找乐子的小产品，一帮人就在车库里办公。”

同样在第二天发生的还有，我们的股票从每股0.2美元涨到了每股0.5美元，并于12月29日飙升到了3.2美元，上升了1500%。最终，我们的股票在2011年2月15日的午间达到了历史最高峰，每股4.5美元，这让我的个人净资产超过了一亿美元。

而从12月22日这天开始，我的个人净资产达到7800万美元就用了一周时间，这就是我的“7800万美元周”。

## 时机就是一切

在这篇给我们带来了爆炸式增长的文章发表前一个月，另外一个新闻网站PE Hub上也刊登了一篇关于我们的文章。PE Hub在硅谷和投资界十分受欢迎。这篇文章与一个月后改变我们命运的那篇彭博社文章惊人的相似（而且读者群体也和彭博新闻社的一样，与我们十分对路），但是却没有造成一点风吹草动。事实上，在PE Hub这篇文章出来后，我们的股票交易量为零。

因此，当我们刚在彭博新闻社网站上看到这篇文章时，我们并没有把它当回事。其实，我们早就放弃了依靠新闻拉动业务的奢望。直到“金钱宝贝”玛利亚·巴蒂罗姆打来电话，直到我们看到《财经内幕》的亨利·布洛杰特也加入了报道大军，我们才真正意识到也许发生了不寻常的事情。

既然PE Hub和彭博新闻社的两篇文章内容相似，目标读者又差不多，为什么会有这样的不同效果呢？

这又一次证明，时机就是一切。

PE Hub发表这篇文章那天是11月的一个普通日子，第二天以及之后的日子也很稀松平常。而彭博新闻社的文章是在12月23日星期四这一天刊登的，碰巧因为圣诞节的原因，之后的三天股市休市。正是因为休市，关于我们的这篇报道便在接下来的三天内不断发酵，在精明的投资人群体中不断传播，直到12月27日星期一华尔街恢复工作。

病毒式传播的最佳方法就是把没有人做的事情做好，如果恰好时机正确——嘭！就会实现爆炸式增长。以我们为例，我们的在线社交应用独特、直观、操作简便。在金融界，我们被成为“脸书社交软件”。同时，彭博新闻社的报道出现在了一个绝佳的时机，因为在圣诞休市的那几天里，媒体没有什么新闻好报道，于是关于我们公司快速增长、产品独特的这篇报道正好给媒体提供了新闻素材。

## 寻找风险投资人

在PE Hub的报道出来的差不多时间，我们接触了100多位投资人，希望寻找到投资——但都被他们一一拒绝了。而在彭博新闻社的报道出来后的一周时间内，同样是这100多位投资人纷纷给我打来电话，看那情形，只要我接受他们投资，他们甚至愿意出卖灵魂。在我们公司市值只有800万美元时，他们连看也不看我们，而现在我们公司的市值已经是当时的10倍了，他们却都想挤进来给我们投资。

高盛（美国一家跨国投资银行和金融服务机构，总部位于纽约市）几乎要把我的电话打爆了。同样给我疯狂打电话的还有全美数不清的财经媒体，他们想了解我们公司的更多信息。通常，他们会问这样的问题："你们有多少员工？"我就告诉他们："嗯，我们有12位。"电话那头立刻与我确认："12后面是不是要加两个零？"我每次就要纠正他们："不，就是12位，后面没有零。"接下来，我就一一报出12名员工的名字：达瑞尔、吉姆、麦克·舍尔洛夫、麦克·W（Mike W）、金姆（Kim）、魏（Wei）、那扎尔、奥利维亚（Olivia）等。因为只有12名员工，记住他们所有人的名字并不难。

投资人和金融巨头匍匐在我们脚下，就像参加One Direction（英国的一支男生乐队，成员来自英国和爱尔兰，2010年通过选秀节目出道并迅速在国际走红）演唱会的15岁的女孩们一样。我们充分利用媒体的关注，为我们在募集投资中谋求到了非常有利的位置。之前，我们每周只能接到一两个投资人电话，而且一接到电话就立刻扑上去。而现在，电话来得太多太快，我们压根儿来不及处理，只能把这些电话都转接到律师那儿去。谁能想到，高盛这样的大公司在给我们打电话！

公司的盈利也在以两位数字的速度增长，突然之间我们有了利润。从创业之初到这之前，我最好的募款渠道就是找那些相信我的人：朋友和家人，而且他们也不会插手公司事务。这样就避免了把公司的命运交到一些风险投资大亨手里。但是我也有遗憾——拒绝了马克·库班、蒂姆·菲利斯和加里·维纳查克，以及那位希望我把公司搬到硅谷去的风险投资人。我在决策之前应该更加深思熟虑一些。因为不想重复这样的遗憾，我决定这次至少看一看有没有让我找不到任何理由反对的投资机会。

## 条款限制与自由

我给大大小小的银行打了几个电话，同时提醒自己要保持开放的心态，看看他们能给我提供什么好处。不幸的是，在没说给我们提供什么好处之前，他们很快就先列出了一堆对我们的要求：

- “你们必须要进行路演。”（路演就是向潜在投资人进行推介。）
- “我们的方案还要再等几个星期才能出来。”
- “你们必须要放弃几个董事会席位。”

我根本没有时间也不想听他们这种巧言令色的废话。当时，我要一周7天、每天12小时和公司的程序员并肩作战，确保我们不会被竞争对手赶上。

我告诉各家银行说：“我只能给你们两天时间，就按现在的股价，看你们能不能在两天内为我找到钱。我知道我在做什么。我不想跟投资人谈，我也绝对不会放弃董事会席位。”这番话几乎把所有的银行都吓跑了，除了一家。

这家银行跟我说：“我们可以做到。但是你得给我们两周时间，跟我们待在一起，其他什么事也别做。我们肯定能把这事完成。”

我说：“好的，但我不是在虚张声势。我没法给你两个礼拜，只能是两天。我已经尽力了。”

下午晚些时候，这家银行派了一人来到我们办公室。我们花了两天时间马不停蹄地给投资人做路演（让我懊恼的是，我与这些专业人士的对话内容大多是向他们解释一些三年级小学生就了如指掌的技术）。他们给我提的都是诸如此类的问题：

- “所以，你说的脸书应用是怎么一回事？”
- “请再给我解释一遍什么叫好友动态。”
- “等一下，我以为我们讨论的是一个网站。网站和应用之间的区别到底在哪里？”

幸运的是，一遍一遍地向他们普及这些基本知识没有白费我的时间。经我一番解释，这些刚刚入门的菜鸟一下就对脸书兴趣高涨。正如他们承诺的那样，他们一般不会投资我们这个行业，对我拒绝让出的董事会席位也毫无兴趣。他们只是想跟我们这家前景大好、股票突然高企的公司一起兜兜风。

交易进展得很快——甚至快得让我有点不适应。元旦前夜，所有的相关文件都已经准备好并放到了我的案头。一晚上，我就在审阅这些几百页的法律文本。我们差一点点都做成了这笔交易，当时我的签字笔已经在文件上盘旋，几乎就要同意签署这份差点让即刻互动永远坠入资本地狱中被熊熊烈火炙烤的魔鬼交易。这时，我胆怯了。还好，这被证明是一件好事。

当我在翻阅成堆的文件时，我发现其中有很多我不懂的陌生条款。我的律师团队就劝我赶紧签，但是却没有给我解释清楚这些条款可能造成的后果。后来发现，这些条款不仅仅是陌生，甚至可以用有毒来形容。虽然我当时并不知道这些条款有多危险，我还是决定跟着直觉走。我的直觉告诉我，如果我不能完全弄清楚这份合同的影响，那么就把签字笔收起来，跟这份合同说再见，不要管周围人说什么。

### 被施压下的思绪是没有价值的

我就真这么干了。我放下笔，给银行打电话。我说："交易取消。我签字前必须搞清楚这些文件里有什么内容。我不能因为要赶着完成交易就把我们公司给害了。"

显然，这番话并没有收到很好的效果。一晚上，电话那头的尖叫声、咒骂声不绝于耳。

他说："一个礼拜前，你的股票还是一钱不值的垃圾。你现在要做的就是把合同给签了，一签完你的银行账户里就会有几百万美元，你只需要出让公司的10%。这是一辈子也找不到的好买卖！"

我试着插话，但是对方直接让我闭嘴。而他则滔滔不绝地，以一种近乎歇斯底里的方式，继续教训我："你真是个十足的笨蛋！赶紧给我把字签了，已经没时间给你磨蹭了！"说完，他气都不喘，干脆直接给我来硬的："我现在就去你公寓，你必须给我把字签了！"

大约凌晨一点钟左右，这位长岛的银行家给我打来了电话（还好不是直接敲我的门），说他马上就到纽约，要跟我好好聊聊，让我"清醒清醒"。他说我想约在哪里都行，只是时间不能再继续耗费下去了。

尽管银行给我施加了威胁，提出了几乎人身攻击的反对意见，我还是直白地说道："我不会在这种压力情况下签任何字的。我不干了。"

电话那头的咒骂声又开始了，比刚刚持续的时间还要长，最后他们还是放弃了。这份含有我不懂条款内容的交易取消了。

**筹码是谈判的核心**

谢天谢地，我拒绝了那个交易。后来发现，那些让我费解的条款可以让我们公司破产好几回。

# **爆炸式增长小贴士35：**不要在被施压的情况下做出决策或签署你没有把握的文件。在匆忙之中做出糟糕的决策或签署不利的协议对公司来说是致命的，而错过一次机会却不会这么严重。

文件中的有毒条款就像懒狗身上的吸血虫。它们的作用是恢复出厂设置，意思是，如果我需要再次募集资金，那简直是死路一条。对于陷入绝望的公司来说，这种商业交易中的有毒条款十分常见，可惜，我们公司不吃这一套。

在接下来的一周多时间内，我认真地把所有文件梳理了一遍，对法律文件中有必要的地方进行了修改。与此同时，我们的股价不但没有下跌，反而上升了。最让人高兴的是，没有一位投资人在意我移除了有毒条款，他们只想加入到我们这家前途光明、生机勃勃的公司中来。所有的筹码都在我们手中。

# **爆炸式增长小贴士36：**筹码是谈判的核心。要知道自己手中什么时候有筹码，什么时候没有。在进行重大谈判之前，你会最大限度地利用自己手中的筹码吗？

# **爆炸式增长小贴士37：**当你不需要资金的时候就是募集资金的最佳时间。你的公司是否财务稳定，让你可以对糟糕的或没那么好的交易合同说不?

当时，我们以每天新增用户5万名的速度在增长，以为我们很快就会成为世界第一大社交网站。2011年1月14日，我们终于完成了投资交易，以每股2美元的价格募集了850万美元，再加上一些认股证，我们的市场估值达到了8000万美元。光是想一想就觉得不可思议。仅仅用了3周时间，我们的市场估值就增长了10倍，并且我们募集到的资金比几周前我们公司的市值都要多。最让人意想不到的是，给我们投资的人很多就是几周前对我们不理不睬的同一帮人。

事实上，我们本可以筹到更多资金，因为每几分钟就会有一批新的投资人想要参与到交易中来。但是我们筹到8500万美元时就把交易关闭了，因为我们不想过于稀释自己的股份，而且筹到的钱已经足够了，已经10倍于我们之前所有的钱加在一起的总和了。

# **爆炸式增长小贴士38：**投资人其实跟我们那些善妒的前任没什么两样——当别人对我们垂青时，他们反而更想得到你。

## 集中注意力与戒骄戒躁

那段时间，我们办公室的氛围真的很微妙。媒体对我们大加关注，很多人来咨询我们的股票，就好像我们是一家发现了培根经过烹饪可以治疗癌症的生物技术公司一样。在这种气氛下，我们很难集中注意力，但是总体而言，我想我们做得还可以。

在这种欢庆的环境中，我们是如何戒骄戒躁，把注意力集中到我们工作上来的呢？我想，是因为我做了好的示范。

大家都看到我是如何应对周围这疯狂的一切的——无论是新闻节目、华尔街还是在办公室里。员工们听到无数电视节目制作人给我打来电话，想让我飞去某个花哨的地方参加脱口秀节目。高盛以及一大批金融机构、位高权重的独立投资人拼了命地想要联系上我。而我的反应通常是："哎呀，我今天有点忙，巴菲特先生，或者我应该直接叫您沃伦？我下午有个非常重要的产品会议，今天一整天就要忙这件事了。不过我下午3:00到3:15有一小段空当可以与您见面，如果您有时间的话。如若不行，那就只能再等几个星期了。"

有些人看着我，就像看着一个疯子。有些人看着我只是大笑几声，然后摇摇头。他们有什么样的反应不重要，关键是我传达了一个清晰而且明确的信息：一切照旧。

我们需要继续创新，超越其他公司，以及最重要的，保持专注力。我们不能因为高盛或者玛利亚·巴蒂罗姆打来电话就改变这一切。这就是我要传递的信息，但是尽管我使出全身力气让大家集中注意力、保持现状，有些事情还是不一样了。

## 一夜之间从笨蛋变成聪明人

在我们被所有投资人拒之门外时，大家都来质疑我们为什么要在那么早的时候就通过自助注册的方式成为上市公司。投资人完全不睬我们，因为他们认为我们公司毫无价值。我想，那个时候，华尔街上应该有不少人觉得我们是最愚蠢的公司。

在我的“7800万美元周”来临之后，一切都突然改变了，我们的上市行为不再是“脑子坏了”，而是被视为天才之举。我周围的所有人——朋友、亲人、点头之交——对待我的态度完全不一样了。甚至我的感情生活也发生了变化，这对我也是一个新的挑战，让我不得不接受。

**爆炸式增长小贴士（EXPLOSIVE GROWTH TIPS）**

给朋友和家人的小财富，公司的几位早期投资人是我的朋友和家人。这次的成功也给他们带来了一笔小财富，有些人甚至获得了50倍于他们原始投资的报酬。有一位拿着赚来的钱回学校攻读了更高学位，其他人则拿着钱去购置了新房。几年后，一位朋友告诉我，他一开始只投资了5000美元，没想到这给他带来了10万美元的回报。他拿着钱办了婚礼，度了蜜月。我对他说：“你至少应该邀请我去参加婚礼作为回报。”

我当时在追求一位女性，追了很长时间。一天晚上，她终于答应和我一起出去吃晚饭。晚饭吃到一半，她对我说：“我可以问你一个问题吗？”

我回答：“当然，任何问题都可以。”

她说道：“我有个朋友在华尔街上班，他说你现在身价已经差不多有1亿美元了。这是真的吗？”

我有点愕然（也很失望），对她说：“我只是理论上有接近1亿美元的身价。所以，可以说这是真的。”

那天晚上，她邀请我去她家过夜，被我礼貌地拒绝了——她那肤浅低俗的问题真是让我倒尽了胃口。我也意识到，所有人对我、对我公司的态度都改变了。现在，我只能调整我的期望、工作方式和个人生活来适应这些变化。

我另外一个发现是，突然之间，人人都觉得我的每个想法都是好主意。设想一下，我举着大喇叭冲出办公室，大声宣布："从现在开始，每个人都要把内裤穿在裤子外面来上班！"我毫不怀疑人们会心甘情愿地臣服于他们这位聪明绝顶的统治者："真是个好主意，老板——您真是个天才！我现在就去换裤子。"

我的公司和员工很幸运，独裁专制从来不是我职业规划的一部分，也不是我的个人兴趣所在。所以，我从未在公司中试验过这种极权政治。但是，公司上下对我完全没有反对意见，这还真是一个大问题。

再也没有人敢站出来挑战我的想法。我连想都不用想就知道，无论我说什么，他们都会点头赞同我的观点并且毫无怀疑地执行我的命令。我想，当一个人取得一定程度的成功后，总会发生这样的事情。哪怕这个人完全不知道自己在说什么，别人也会给他过多信任。这让我很懊恼，也令我十分困惑，因为我不想看到别人不敢告诉我我的想法是错的，这让我几乎不可能得到别人的有效反馈意见。

## 不要押上全部赌注

幸运的是，因为我很清楚缺乏建设性的反馈意见、不敢对我提出质疑会对公司造成危害，因此我从未放任我的权力在公司里横行，让公司陷入混乱。但是，这并不意味着我没有犯一些年轻企业家经常犯的错误。

其中一个错误是，我没有卖掉部分股票。要获得真正的成功，风险是不可避免的。这需要我们聪明应对。如有类似情况，我给其他年轻创业者的建议是，通过理性的决策来缓和这些风险。

我在32岁的时候，账面身价就达到了1亿美元，但是我一直没有变现。我对我们的事业有着坚定的信心，也真心认为有一天即刻互动的市值会超过10亿美元，所以我没有理由在股价不高的时候进行抛售。

当我们募集到850万美元投资时，银行告诉我，如果我要卖掉部分股票，那么这笔交易将永远不会成功。他们声称，我卖掉股票意味着我对公司没有信心。其实，我还是应该把部分股票卖给新的投资者，这样就可以从交易中拿走几百万美元。但是，我没有这么做，因为银行说我不能这么做，我想他们说的不是真的。

当时我如果足够聪明的话，就应该在尚有机会的时候挑战一下银行，看我究竟能不能拿走这几百万美元。毕竟，我单身汉一个，没有子女要抚养，没有任何离不开的家庭责任，我一个人生活也不需要多少钱。不过，我心里其实还在盘算："我的公司以后会更加值钱，为什么要现在把股票卖掉呢？"当然，对我来说，这是一个年轻人傻乎乎的想法。其实，我不需要把钱全放在股票上，完全可以卖掉一小部分的。

即刻互动的股价在最高时达到了每股4.5美元（注意：就从这时起，即刻互动的股票开始了分割，所以在不考虑分割的情况下与现在的股价对比是没有意义的）。这让公司的市值一下上升到了1.6亿美元，而我个人股份的价值则达到了约1.1亿美元。很不幸，我从未出售过自己的股份，虽然我应该这么做。在本书最后一章中，我还将对这个几百万美元的小失误进行更多阐述。

# **爆炸式增长小贴士39：**只要有机会可以拿走些钱（特别是对人生有重要意义的钱），那就立刻去做。

事后看来，我发现，不管一个人对我们有多重要或多不重要，我们最终还是被自己的利益所驱使。如果我当时卖掉部分股票，拿走了两三百万美元，我们的交易就很难达成了吗？答案是肯定的，但是我相信总会有办法解决。手握方向盘的是我们，几乎所有与我们交谈过的投资人最后都给了钱。此外，在交易完成后，我们的股票还连续好几个月继续一路上扬（这极不寻常）。我想，对银行来说，他们直接吓我，让我不要卖股票换钱，可能更容易一些吧。

# 第八章

# 成功背后的危机

不管战略多么光彩夺目，你都要时不时地看向结果。

——温斯顿·丘吉尔爵士，1940年至1945年、1951年至1955年担任英国首相

在彭博新闻社那篇报道点燃了我们股价的一年之后，2011年12月27日，我们在纳斯达克敲响了开市的钟声。在走向这一刻前的365天里，即刻互动经历了很多事情。

- 即刻互动被德勤会计师事务所评为北美地区增长最快的36家公司之一，因为我们在过去5年中的盈利增幅达到了惊人的4412%。
- 我们被评为纽约市第五大快速增长科技公司。

- 我被安永会计师事务所提名为年度企业家。
- 我们被大量的新闻报道所包围，其中我本人还在美国全国广播公司财经频道、彭博新闻社等主流媒体节目中露面。
- 华尔街注意到了即刻互动并给出了肯定性的股票分析报告。
- 名人堂企业家，如马克·库班、蒂姆·菲利斯和加里·维纳查克，均给我抛出了橄榄枝，希望与我开展业务合作。
- 我们被认为是脸书上的爆炸式增长专家（甚至有人拿我们作为案例研究）。
- 我们从金融投资机构那里募集了8500万美元，市场估值接近1亿美元。
- 从2007年至2011年，我们的股价增长了超过1000%。

我们当初制定的目标都陆续实现了，包括获得市场认可、实现爆炸式增长。伴随着这些成功，我们终于有可能实现另一个宏伟目标——以更大规模实现增长。

## 撒钱游戏

大部分公司在拿到一大笔钱后的第一件事——就跟我们在2011年一样——就是开始花钱。我们需要让钱生钱，才能实现进一步增长。否则，为什么当初要费那力气去融资呢？同时，我们还需要维持我们股票的高价，如果做不到，股价就会下跌。要做到这一点，首先就要确保我们的盈利不断增长。因此，和大多数处于同样境地的公司一样，我们把大量的钱花在了获取用户上。幸运的是，由于高超的实时分析能力已经成为我们商业模式的一部分，我们并没有像没头的苍蝇一样胡乱购买用户。

我们要做的第二件事情就是给公司找些“大人”来。即刻互动
一帮二十几岁的毛头小伙，领导他们的是我，一位32岁 资者和
分析师们总是说，作为一家上市公司，我 “有经验的”的
管理团队。所以，为了得到华尔 和认可，我们开始了大张旗
鼓的招聘。

我们 家们”的意见，在我们年轻的“必备人才”中
经验丰富的”年薪20万美元的“大人”。这些人的履历十分
，能给外人留下深刻印象。他们的加入可以使我们公司看上去成熟很多。但不幸的是，他们的到来给公司造成了巨大的文化冲突。对于我们办公室里撸起袖子加油干的年轻人来说，很多新进员工更像是给华尔街看的昂贵装饰品。而讽刺的是，身处这种新兴的、发展中的行业，真正有用的“经验”往往来自二十几岁的年轻人。

当时，我还是一位没什么经验的首席执行官，虽然我知道一年内就把12名员工扩充到将近50名会给公司带来新的挑战，但我还是大大低估了后果。

其中一个大问题就是我们的开发周期。一直以来，我们都是一家十分精干灵活的组织。我们的工作节奏通常是，第一天想出一个新创意，然后将该创意转化为软件功能，第二天就把开发出来的新功能推送给用户。我们常常一天时间内可以完成20到30次代码推送（是一个微软公司开发的云服务器，开发者可以推送当前的应用更新到这个云服务器，然后用户手上的应用就会自动检查是否有更新）。而我们新聘请的高身价的领导们习惯了每一个月推送一个新功能（或每个季度），因为他们希望新推出的

功能在发布之前应先进行充分的测试、评估和完善。这给我们带来了很大的麻烦。在现实中，他们的做法大大降低了我们快速学习、快速迭代的能力——这可是我们用来吃饭的家伙，进而严重阻碍了我们的创新。

常言道："完美主义让人无法优秀。"这是我们即刻互动的做事原则。我们知道，对我们最有利的不是打造出一个完美的功能，而是以最快的速度推出新功能，因为用户希望我们可以源源不断地给应用增加新的、有趣的功能，这样他们才会常常使用我们的应用。我们发布的新功能越多，做出的优化越多，我们对用户的了解也就越多，这会极大地丰富我们的经验知识，继而提升我们开发好产品的能力。我们的信条是，快速学习，快速失败（在必要情况下）——但是，这不是我们新进员工曾经生活的世界。

## 恶化的组织健康

仿佛一夜之间，我们的资金消耗率——花出去的钱与赚回来的钱之间的比例——突破了天际，原因是我们需要给这些身价高的（却与公司不相兼容的）人才开工资。我们一根筋地想要增加收益以取悦华尔街，满足他们对我们大幅增长的期待，从而没有注意到问题的核心。虽然爆发式增长依旧在持续，但是公司的利润和企业文化却在遭殃。我们组织健康的整体水平正在恶化。

在解决公司的文化冲突时，我太晚才意识到，如果一个员工的履历很好看，但是其经历却与公司的价值观格格不入，那么越早让其离开越好。有时，他们只是与公司不合适而已，哪怕他们有着超高的学历，丰富的经验或是什么其他宝贵品质。我建议大家可以思考一个问题："有了现在的认识之后，我还会再次聘请他们吗？”几乎每次我处于这种境地时，我的答案都是否定的。继续把宝贵的时间和金钱花在错误的资源上只会适得其反。一个人待在公认为不合适的位置上时间越长，对双方的危害就越大。所以，别再犹豫了，让他们离开，你好继续做事。虽然炒人鱿鱼不是什么令人愉快的经历，但是尽快消除误会、摆脱麻烦对我们双方都是一件好事。

# **爆炸式增长小贴士40：**如果你下班后不想和这个人一起喝杯啤酒，那就不要录用他。你喜欢和大部分同事一起喝啤酒吗？

# **爆炸式增长小贴士41：**评估一位员工的基准问题是：如果再给你一次机会，你还愿意再次雇用这个人吗？如果答案是否定的，那就让这个人离开。你有没有让那些你不想录用第二次的人离开？

一直到当年2月份，我们的股价继续保持坚挺。当时，我们孤注一掷对盈利增长的追求以及持续恶化的企业文化开始对公司产生了负面影响，把我们一下打回原形。

上市公司的弊端又一次浮出水面。股价一跌，外界立刻大失所望，这随即便给我们带来了麻烦。

2月的某个星期，我们的股票毫无缘由地大幅下跌。我们能想出的唯一原因便是，一只股票如果连续上涨20多天，那总归要在某个时刻跌落下来。与此同时，脸书上似乎每天都会冒出来一个新的社交应用，每一个在发布时都会玩一两个新概念，以此获得投资。结果便是，我的手机和电子邮箱中满是对我决策能力的质疑和批评。

- “你有没有看到那款新应用？”
- “那些新应用是不是比你的好？”
- “你是不是应该模仿下它们的一些功能？”
- “你的股票跌得太厉害了。”
- “很明显，你现在根本不知道你在做什么。”

## 年度盛会：“精彩只在硅巷”

在被这些问题困扰的同时，还有一件事情让我们一直很头疼，那就是我们从未在硅谷获得过应有的地位。另外，我们还需与纽约的科技界——也就是“硅巷”——加深联系。于是，我与我的好朋友、创业家克里斯·米拉布尔（Chris Mirabile）合作，计划以盛大而隆重的方式同时解决这两大问题。

我们的想法是把纽约最有趣、最有前途的创业家们聚到一起，把他们印刷在日历上，然后把日历——以及一份派对邀请函——亲手交给硅谷的大人物们，包括马克·扎克伯格。我们把日历命名为“精彩只在硅巷”，想以此方式宣布纽约硅巷的时代已经来临。

我们倡议的成功落地得到了时任纽约市长布隆伯格的办公室及市长办公室首席数字科技官的大力支持。Mashable（世界上访问量最大的数字媒体网站之一，主要关注Youtube、脸书、谷歌、推特等互联网领域公司的新闻动态）的主编亚当·奥斯特罗（Adam Ostrow）这样写道：“今年是纽约科技界发展的重要一年，而这次活动的举办无疑掀起了最高潮。”为邀请客人参加日历发布派对，我们大概发出了100份邀请函，但是消息很快就传了出去。超过500人出现在了派对上，最后我们不得不采取了限制措施，把会场的门全部关上。

对于这次活动，克里斯和我的目标对象是纽约地区的公司及其聪明绝顶、充满激情的创始人。现在，距离那次活动已经过去5年了，这些企业也已成长为行业翘楚，作为见证者，我们的确感到心潮澎拜。其中，有几家公司的市值已经达到几亿美元甚至更多。我们那年制作的整本日历可以在以下网址找到：http://www.explosive-growth.com/only-in-the-alley-calendar。印在日历上的企业包括：

- Birch Box（募集投资超过8600万美元）——联合创始人海莉·巴纳（Hayley Barna）、卡蒂亚·布尚（Katia Beauchamp）
- ClassPass（最早名称为Classtivity，募集投资超过1.5亿美元）——联合创始人帕亚尔·卡达奇亚（Payal Kadakia）和桑吉夫·桑哈维（Sanjiv Sanghavi）
- ConsumerBell——首席执行官艾莉·卡切特（Ellie Cachette）
- Hotlist——联合创始人、首席执行官克里斯·米拉布尔（Chris Mirabile）
- Learnvest（已被美国西北相互人寿保险公司［Northwestern Mutual Life］收购）——创始人亚力克莎·冯·托贝尔（Alexa von Tobel）
- Livestream（募集投资超过1400万美元）——联合创始人、高级副总裁麦克斯·哈奥特（Max Haot），联合创始人菲尔·沃辛顿（Phil

Worthington），联合创始人、首席执行官马克·科恩菲尔特（Mark Kornfilt），创始人达亚南达·南珠达帕（Dayananda Nanjundapa）

- Plum Benefits（被Entertainment Benefits集团［EBG］收购）——创始人夏拉·门德尔森（Shara Mendelson）
- 即刻互动（已与Paltalk合并）——克里夫·勒纳，达瑞尔·勒纳
- Thrillist（募集投资超过5000万美元）——联合创始人本·莱勒（Ben Lerer）、亚当·里奇（Adam Rich）
- Xtify（已出售给IBM公司）——创始人安德鲁·韦恩莱克（Andrew Weinreich），首席执行官乔什·罗赫林（Josh Rochlin）
- Yipit（募集投资超过700万美元）——联合创始人、总裁吉姆·莫兰（Jim Moran），联合创始人、首席执行官维尼修斯·瓦康提（Viniius Vacanti）
- Zocdoc（募集投资超过2.2亿美元）——联合创始人、首席执行官塞鲁斯·玛苏密（Cyrus Massoumi），联合创始人尼克·甘珠（Nick Ganju），联合创始人、首席执行官奥利弗·卡哈拉兹（Oliver Kharraz）

下面我们来了解一下上面介绍的这些公司。

Birch Box是一家位于美国纽约的在线订阅服务，每月向用户收取订阅费用并向订阅用户邮寄一盒四至五份的美妆产品小样。

ClassPass位于美国纽约，通过价格统一的月度订阅记账服务向用户提供各类健身课程以及健身房使用服务。

ConsumerBell是一家提供在线产品召回服务的公司。

Hotlist是一家基于地理位置的综合性社交网站，其用户遍布全球。通

过定位功能，用户可以发现周边即将举办的活动，并与朋友相约。

Learnvest是美国一家理财公司，出售个人理财软件。

Livestream是一家视频直播平台，用户只需通过摄像头和电脑就可以在互联网进行视频直播。

Plum Benefits成立于1998年，主要是为企业及其人力资源部门服务，客户可以通过Plum Benefits向员工提供打折券，内容涵盖百老汇演出、体育赛事、旅游度假、音乐会以及酒店住宿等。

Paltalk是一家提供视频群聊服务的公司，用户可以通过视频、网络聊天和语音进行通信。它自带聊天室功能，用户也可以创建自己的公共虚拟聊天室。

Thrillist是一家媒体网站，内容涵盖食品、酒水饮料、旅行、娱乐等，成立于2004年，总部位于美国纽约。

Xtify是第一家支持永久定位的地理位置通知应用编程接口，可以定期且连续地从移动设备中提取用户的位置。

Yipit是一家数据公司，主要业务是开发网络数据收集和分析技术，向投资机构提供网络数据信息。

Zocdoc是一家在线医疗资源预约网站。

## 真正重要的三大指标

为了挽救正在恶化的组织健康，保持企业增长，我们想尽了办法，做的第一件事情便是扪心自问："我们的业务为什么会开始放慢速度？"我们不惜一切代价，痴迷于提高收益，却损害了公司的其他核心指标，而后者又反作用于前者，使收益增长放慢了脚步。当时，我们的工作几乎是建立在数据之上，所以要解决日渐式微的增长问题，最好的办法看来就是收集和分析相关数据。

在对无数的指标进行了分析和优化之后，我们失去了焦点，忘记了我们当初成功的原因——产品独特且了不起，令用户爱不释手，口口相传。我们需要回到这些基本要素上来，看看目前这些基本要素的情况，这样我们才能找到再次实现火箭式增长的方法。为此，我们需要回答以下三个关键问题：

- 我们的产品是否依然了不起？
- 人们是否依然喜爱我们的产品并把它介绍给他人使用？
- 用户是否频繁地使用我们的产品？

公司无论大小，都很容易迷失在各种数据中，从而忽略了这三大核心问题。而这三大问题恰恰是至关重要的，因为它们具有很强的操作性，而且决定着我们未来是否能取得成功。此外，只需要少量用户，我们就能从这三个问题中得出很多宝贵的结论。无论你的产品处于生命周期哪一个阶段，这三个问题都同样适用。

但是，如果你的产品没那么特别，人们对之兴味索然（也不怎么使用），那么这意味着你即将走上失败之路，而失败的原因可能没那么容易找到。另一方面，如果上述三个问题，你都能给出肯定的回答，那么产品的其他指标也都会跟着变好，而且成功已经离你很近了。

幸运的是，这三个问题并不难衡量和回答。

与这三个问题对应的是对一个产品来说真正重要的三大指标：

- 产品是否有“独特卖点”（Unique Selling Proposition）?
- 产品的“净推荐值”（Net Promoter Score）有多少?
- 产品是否能“留住用户”（User Retention）?

当然，为了管理好公司、使公司业务不断增长，你需要测量很多数不清的其他指标，包括增长指标、参与度指标、利润指标等。这些其他指标的不足之处在于，它们无法解释为什么你的产品表现不尽人意。独特卖点、净推荐值和用户保留率之所以是真正重要的三大指标，正是因为它们不仅可以解释产品表现不佳的原因，还能让你知道如何改进。

举个例子。你看到增长指标或利润指标一塌糊涂，于是开始把工作不力的员工裁掉。接着，你开始想，有没有新的办法可以实现增长，可不可以采用新的营销理念。但是，你的这些努力很有可能只是徒劳，因为真正的问题十有八九是你的产品太差了，即使你请来最好的增长专家，雇用最好的员工，采用新的营销战术，都无法克服这一问题。但是，如果你产品的净推荐值不理想（意味着没人想与朋友谈论你的产品），那么答案就显而易见了：你的产品很烂！谜团很容易就解开了。不幸的是，在这种情况下，你得为了解决问题而忙得焦头烂额，但至少，你知道问题出在哪里了。

### 指标一：独特卖点（USP）

你的产品是否与众不同？刚刚登录脸书平台时，AYI的一些独特性能就立刻引起了用户注意，例如，用户可以看到哪些朋友喜欢自己，注册流程和用户建档流程几乎眨眼就能完成。现在，我们必须知道，我们是否依然能够从激烈的竞争中脱颖而出，重新让用户的口碑给我们带来难得而极有价值的爆炸式增长。为了得到答案，我们决定展开一项简单的调查。

调查包括一项关键性客户满意度指标，也就是净推荐值（NPS），我在下一章节中会对其展开介绍。此外，这项调查还纳入了与用户体验的整体质量和独特性相关的一些其他关键性问题，例如：

- 你会使用AYI的哪些功能？
- AYI最让你头疼的是哪一点？
- 什么会让你更愿意向朋友推荐AYI？
- 你对AYI有什么改进建议？
- 怎样可以用一句话最好地描述AYI？

其中，最后一个问题最为重要，因为它会告诉我们，我们的大部分用户是否体会到了产品的独特之处。在将你的产品推荐给朋友时，他们一定会用一条简单的信息对你的产品进行概括。如果他们无法提炼出你产品的优点，那么他们分享的信息就不会具有感染力和传播力。例如，亚马逊网站（Amazon）提出的独家卖点是：卖出的每一本书都比竞争对手便宜。这简直是一条完美的广告。

我们不仅要知道我们的产品是否独特、是否能够提供良好的用户体验，也要了解我们的品牌是否响亮。

尽管没有固定的标准来衡量，但是我认为，当50%以上的用户在用一句话描述某一产品时，都提到了同一个该产品的与众不同之处，这就说明该产品具备了一个好的独特卖点。

# **爆炸式增长小贴士42**：你能否用一句简练的话来描述你产品的独特卖点？这个卖点是否真的独特？

# **爆炸式增长小贴士43**：你是否曾请求过用户用一句话描述你的产品？是否有至少一半的回答提到了同一个概念？

用户对这一问题的回答会让你大开眼界。在调查中，用户给出了各种各样的答案，但是他们的答案却没有重叠部分，也就是说，我们的产品没有让用户感到有任何神奇之处，即我们的产品没有独特卖点，因而用户无法为之倾心。出现各式各样的答案一般有两种原因：一是产品各个方面都很优秀，让用户数不过来；二是产品乏善可陈，用户只能东拼西凑勉强给出个答案。而我们公司肯定属于第二种情况。这就解释了为什么我们的增长，特别是有机增长，会停滞不前。

AYI不再与众不同。我们必须一切从头再来，如果无法恢复有机增长的能力，那么我不认为我们在未来能取得成功。在脸书上获取用户的成本与日俱增，因为很多其他公司——有些规模比我们公司大得多——拿到了上亿美元的投资，用来打造脸书应用。

结果便是，我们用了整整一年的时间进行创新，以“一个进行社交发现的网站”为定位，对网站进行了重建和重新发布。在新的网站上，用户可以通过共同好友和共同兴趣来发现新的交友对象。

## 以“趣味相投”重塑品牌

我们是行业内最了解用户兴趣的网站。我们的用户档案与他们的脸书档案相关联，因此，我们平均每个用户拥有超过78个不同的兴趣爱好。我们便想，是否可以利用这一数据优势，通过共同兴趣来对用户进行匹配，从而打造无与伦比的用户体验。例如，一位用户喜欢20世纪90年代的情景喜剧，另一位用户喜欢《宋飞正传》（美国的一部电视情景喜剧片）或《老友记》（美国的一部电视情景喜剧片），那这两位用户就可以进行匹配。

但是，要做成这件事，我们必须要对成千上万的兴趣爱好进行分类，因为当时脸书还未对用户的兴趣爱好进行结构化管理。例如，“《宋飞正传》”这一兴趣并没有与“90年代情景喜剧”这样的其他属性相关联。我们想开发一款独家的、基于用户共同兴趣的匹配系统，因为大多数单身人士都认为共同的兴趣爱好是成功的情感关系中最重要的因素。此外，我们认为这一功能大有可为，因为我们可以把它融入到其他网站中去。例如，我们可以与StubHub（美国eBay公司旗下的大型在线票务网站）合作，为有共同兴趣爱好的用户提供社交用的打折门票。举个例子，如果两位用户都喜欢20世纪80年代的音乐，而他们附近恰好即将举办比利·乔尔（美国著名歌手、词曲创作者和钢琴家）的音乐会，那我们就可以为他们提供九折的演唱会门票。

## 朋友的朋友的朋友

当时，我们的大多数竞争对手已经在产品中添加了“共同好友”概念，因为通过脸书可以轻松做到这一点。这是一个无比受欢迎的功能，我们认为可以对这一功能进行优化，延伸到“朋友的朋友的朋友”。不幸的是，脸书并不提供这些延伸的朋友信息，于是我们只能自己动手进行开发。

在开发过程中，我们要处理的数据量太大了，而且我们公司对这种技术并不熟悉，所以我的计划是安排团队中的大部分成员在几个月的时间内将这一功能开发出来。但这时一位初出茅庐（却不怕虎）的工程师大卫·福克斯（David Fox）勇敢地找到了我，说他愿意带领这次开发任务并交出成[illegible]我了解他对工作的热情以及他过去在工作中的表现，于是，我把这一重要的开[illegible]到了他的手中。

最终，我对他的信[illegible]了回报。只用了短短几周时间，他几乎仅凭一人之力便开发出了可以完成几[illegible]次社交匹配的强大功能。这再一次证明，一位优秀的工程师有多么重要——[illegible]尖的人才可以带来非凡的成果。

> 顶尖人才不止比优秀人才出色一点点，而是出色100倍。
>
> ——马克·扎克伯格，脸书公司联合创始人，互联网企业家

这一功能开发出来后，我们重新发布了网站，这对我们公司来说可真是一项浩大的工程。我们成了第一家引入“朋友的朋友的朋友”概念的在线社交网站。一位用户可以通过共同好友认识新的朋友，也可以通过“朋友的朋友的朋友”——或者用脸书的说法，通过用户的社交图谱（social graph）——认识新的单身人群。对于单身人士来说，知道自己和对方拥有共同的好友，是一件非常重要的事情，哪怕这位好友是通过其他人认识的，尤其是对于单身女性来说。

通过重新发布网站，我们建立了一种新的强大的社交方式，而且没有

任何一家竞争对手可以做到这一点。这个功能看上去不错，于是在网站重新发布几个月之后，我们对用户重新展开了一次相同的调查，问的问题也都一样："怎样可以用一句话最好地描述AYI？"但是调查结果并没有多大变化，人们对我们的产品还是没有一个显著印象。

## 留下第一印象的机会没有第二次

从第二次用户调查中，我们学到了一条惨痛但却宝贵的教训：现有用户对一个产品的看法很难改变。

我们开发了很多可以大大提高用户体验的新功能，但几乎没有引起人们的注意。更让人头疼的是，几家新的社交网站却凭借着与我们类似的功能广受欢迎，增长飞快。

一个叫做Hinge的网站也使用了通过共同好友扩大交友圈的相同概念，很快便声名鹊起。这一概念也成了他们品牌的核心，因为他们就是打着这一旗号问世的。但是，这一概念却没能与我们的品牌挂上钩，因为用户已经对我们留下了第一印象——我们是原创的脸书社交应用，无论我们对AYI做了多少改进，人们对我们的印象只有这一个。

另一个让我们很受伤的事情是，我们已经成了一款付费软件，而那些新问世的应用都是免费的。当时，脸书的用户还没有习惯为脸书平台内的应用或内容付费。虽然我们后来开发的新功能都很棒，但是它们都无益于改变我们的品牌形象，解决我们的问题，或提高我们的收益。让我们伤心的是，在第二次用户调查中，最让我们吃惊的是用户对于这一核心问题的回答：怎样可以用一句话最好地描述AYI？大部分用户认为我们是一家收费的脸书社交应用。

当时，一家又一家的初创企业纷纷获得了几千万美元不等的投资，每天都会有新的竞争对手带着免费产品进入市场。这些无疑都在给我们雪上加霜。不管我们是否愿意（不愿意），我们面临的最大问题便是，“付费”已经成了我们的标志。

### 指标二：净推荐值（NPS）

净推荐值这一指标尚未引起人们的足够重视，但却是衡量客户满意度十分有效的方法。在我们的用户调查中，用户被问到在多大程度上愿意向朋友或同事推荐我们的产品，用户可以在0到10分之间进行选择。我们通过以下标准对用户的回答进行评估：

- 9分或10分意味着该用户是“我们产品的疯狂推荐者”。
- 7分或8分意味着该用户是“我们产品的被动推荐者”。
- 0到6分意味着该用户是“我们产品的抨击者”。

#### 为什么自我要求这么严格?

表面看来，给出7分以上的用户才能被认定是推荐者似乎有点不合理。但是，我们这份调查的目的是了解用户在多大程度上愿意“积极地推荐”我们的产品。如果一名用户给我们产品打了6分，他们可能认为我们产品还不错——高于平均水平——但却不大可能兴奋地把我们的产品推荐给朋友。如果用户给我们的打分在0到5分之间，那么，他们究竟是打了0分还是3分已经不重要了，因为不管是哪种情况，都意味着他们压根儿不喜欢我们的产品。他们是我们产品的抨击者，无论我们怎么做都无法改变他们的想法。

另一方面，如果有人给我们的产品打了9分，这说明他们对我们产品的评价很高，很可能会在朋友和家人面前对我们的产品赞不绝口。他们会在聊天中主动提起我们的产品，因为它太特别、太有趣、太神奇了。这就是真正的、拥有独特卖点的产品。

# **爆炸式增长小贴士44：**问一问用户是否已经向朋友推荐过你的产品。你知道有多少比例的用户曾向朋友推荐过你的产品吗？如果你的用户还未曾这么做，那么试着找一下原因。也许是因为你还没有让用户能够轻松地分享你的产品——改正这一点很容易。

计算用户净推荐值的方法很简单，只要在推荐者所占的百分比中减去抨击者所占的百分比就可以了。净推荐值可以是负100分（每个人都是抨击者）到正100分（每个人都是推荐者）区间内任何一个值。净推荐值大于零（说明推荐者比抨击者人数多）是理想的情况，而净推荐值大于50则被视为一项极为乐观的指标。我们很不幸，得到的净推荐值并不理想，这也解释了为什么我们的有机增长已经力不从心了。

净推荐值的不理想，加上用户对其他问题的消极反馈，犹如当头一棒，让我们猛然惊醒。但是，这也清楚地解释了为什么我们公司的一些指标会那么糟糕。正如前文所言，表面上的指标通常无法从整体上反映出我们品牌形象存在的问题，如产品很无趣、产品太普通等。也许，通过短期内进行优化，你可以稍微扭转战局，但是你依旧无法改变产品不够独特、不够有价值、不值得用户口口相传的事实，最终，你的产品也将走向失败。

数据告诉我们，我们仍然需要开展更多创新，才能创造真正的独特卖点，获得理想的净推荐值。我们需要让我们的产品（再次）脱颖而出，这样用户才会愿意向他们的朋友推荐。光是有“共同好友”以及“非直接共同好友”的概念还远远不够。我们至少还要从头再来一次。

**# 爆炸式增长小贴士45：**你有没有积极地测量过产品的净推荐值？产品的净推荐值能超过50分吗？如果产品的净推荐值很不理想，那就不要把时间和金钱浪费在市场推广和产品增长上了。

初创公司在早期阶段容易一味地追求增长，这样做的代价往往是用户的流失。这样做是本末倒置的，因为所有早期产品都应该以留住用户为发展方向。如果有人打造了一款让用户流连忘返的产品，那么实现增长（募集资金、花钱获取用户、请用户分享产品等）就会变得轻而易举。但是，如果一款产品的净推荐值太低，你还要继续花心血推动其增长，那么这就无异于对用户说：“你好，我的产品差劲极了。你想买吗？”

**# 爆炸式增长小贴士46：**推广净推荐值低的产品本质上就是对潜在用户说：“你好，我的产品一塌糊涂，赶快来看一看。”

### 指标三：用户保留率

用户保留率是对在线产品进行衡量的最重要的指标——如果用户不断在使用某一产品，那么该产品的其他问题便会迎刃而解。为AYI获取初始用户十分重要，但是要实现并不难，因为我们可以花钱请用户来试用。但是，我们的钱却买不来用户日复一日、月复一月、年复一年的忠诚度。

我们最重要的发现可能是知道了什么会让用户不停地重复使用某一个产品。强有力的用户保留率是证明一款产品得到人们喜爱的不可辩驳的依据，我相信这一准则适用于大多数行业。

而什么会让人们持续不断地使用一个在线社交网站呢？答案是极好的用户体验——当人们收到心仪对象发来的交往信息（最终会变成社交信息）的奇迹时刻。如果用户能在一个社交网站上不断收到潜在恋爱对象发来的邮件，那么这名用户就会一次又一次地变成该网站的回头客。当然，如果这样的邮件往来能够给这位用户带来一段认真的恋爱关系，甚至使双方最终确定关系，那么这家社交网站就算是超水平发挥了。不过，这个问题可不在我们讨论范围之内了。

### 脸书公司用来保留用户的神奇数字

在脸书公司发展的早期阶段，其领导层就发现了一个神奇现象：一位用户在注册了脸书账户后的10天内能添加多少名好友在很大程度上决定了脸书能否留住该名用户。如果用户在注册后的10天内添加的好友不到7个人，那么他们就不会对脸书网站感兴趣，也不会时常登录脸书账户，因为他们能从中了解到的好友动态太少了。然而，如果用户在首次注册后的10天内能添加7名以上的好友，那么用户被保留的概率就会相当高，因为页面上的好友动态会变得十分活跃。可能现在用来划分用户保留率的数字已经不一样了，但是在那个时候，“7”就是脸书公司保留用户的神奇数字。脸书公司的早期员工都认为这个数字对他们来说是一个分水岭。

当时，脸书公司还一门心思地追求另一个关键性指标，那就是，让90%的用户一周7天内登录6次脸书账户。很显然，任何产品只要能像这样留住用户，就一定会获得巨大成功。

所以，不光衡量产品的用户保留能力十分重要，了解让用户对产品流连忘返的原因——你产品的“啊哈时刻”——同样也十分重要。要了解后者，我们可以将高保留率用户与低保留率用户分离开来，并对两组用户的数据进行分析，找出高保留率用户的特点。他们（在脸书上）拥有更多的好友吗？他们（在AYI上）能得到更多的回复吗？

单是这一项发现便能改变产品的整个业务，因为我们从中可以得知应该如何进行优化。

就我们而言，我们可以很明显地从数据中看到，高保留率用户能得到大量的回复，而没什么回复的用户则懒得再使用我们的产品。有了这种发现后，我们便能够帮助那些没什么回复的用户提升用户体验，包括改进算法以优化匹配结果，以及开发“优先排名”这样的功能，使用户可以付费增加自己在搜索结果中的曝光度，从而获得更多回复。通过这些做法，我们希望能够更多地留住用户。

# **爆炸式增长小贴士47：**你知道哪一种用户操作或用户体验可以让用户反复使用你的产品吗？如果你还不知道，那么现在就去寻找答案吧。这可能是帮助你实现增长的最重要发现。

当脸书发现“7”是他们的幸运数字后，他们便部署了大量的人力来提高单个用户的好友数量。他们的做法是，根据被人压根儿想不到的数据来对用户发出好友提示。当用户登录脸书账户后，就会看到脸书发来的好友提示，有的是他们小学四年级的同学，有的是他们的某位表哥几年前在阿尔布开克（美国新墨西哥州最大城市）一家酒吧里碰见的什么人，反正都是他们之前根本没想到会联系上的人。这些用户一旦发现可以联系上久无音讯的朋友或者日常交际圈之外的人就会变得十分兴奋，立刻就被迷住了。

对在线产品来说，理想的用户保留指标应该看一名用户反复使用该产品的频率，或某个时间段内有百分之多少的用户会再次登录，或两相结合。一般来说，1天、30天、90天和360天的数据应该足以衡量出一个产品的用户保留率了，但是我们还是要知道用户之所以能被留住的原因，这一点同样重要。

# **爆炸式增长小贴士48：**留不住用户的增长毫无价值。留住了用户却实现不了增长则是每一位企业家都乐于面对的问题，因为这意味着该产品得到了用户的喜爱。你知道你的产品在1天之内、30天之内的用户保留率吗？

# **爆炸式增长小贴士49：**除非你的产品1天之内、30天之内的用户保留率都大大超过了行业平均水平，否则不要把大量的钱花在产品的市场推广上。

# 第九章
# 企业的愿景、价值、数据
# ——解决问题和保持增长的三大法宝

优秀的商业领袖创造愿景，传达愿景，全身心地驾驭愿景，并矢志不渝地完成愿景。

——杰克·韦尔奇（Jack Welch），作家、
1981-2001年担任美国通用电气公司（GE）首席执行官

为不断恶化的组织健康找到解决方案成了我的首要任务。根据我自己的经验以及对其他公司的观察，我很清楚地认识到，一家健康的公司应该克服一切困难，茁壮成长。从本质上讲，健康的公司应该有着快乐、充满热情和积极性的员工，公司上下朝着一个清晰、明了的相同目标共同努力，这样的公司才有可能走向成功。带着这样的想法，我开展了两个方面的行

动来补救公司的健康状况：

- 我请来专家，帮助我和我的员工更好地理解如何扩大公司规模、如何让公司运行得更加顺畅。
- 通过广泛地、近乎强迫症似的阅读有关公司管理、领导力、扩大公司规模等方面的书籍，我学到了别人成功的经验以及失败的教训。

## 专家授课

常言道，经验是最好的老师。鉴于本人实在没时间从自身的经验中学习，我便从公司外部聘请了一个顾问委员会，把现成的经验直接带进来。这个委员会有来自各个领域的专家，有着丰富的操作经验，他们的工作就是每周为我和我的团队开展几次咨询和辅导。

当然，并不是我聘请的所有专家都是咨询师。乔什是我们的最佳雇员之一，刚来时负责产品部和分析部。他很快就开发并实施了一套高效的流程管理战略，叫做CIO，这三个字母分别代表了庆祝（Celebrate）、迭代（Iterate）和清除（Obliterate）。

### 庆祝、迭代和清除（CIO）

CIO战略极大地改善了我们的流程管理。当时，我们疲于开展数不清的测试，而测试的数据又让我们不堪重负。我们很难一边测试新创意、对软件进行更新，一边对测试结果进行分析。更糟糕的是，我们的代码开始变得臃肿，因为工程师们很难将所有的测试项目结合起来，而且几个月后，有些测试是否会继续开展还是一个问题。这种低下的效率不仅连累了我们的各项指标，还侵蚀了我们快速开发新功能的能力。

而有了CIO，我们在每次发布一个新功能之后只需要照着一个简单的流程做就可以了。发布后两周内，我们会进行测试，对测试数据进行分析，接着便会采取以下三种措施之一：

- 庆祝：测试太成功了，简直超出了我们对成功的定义！
- 迭代：这个功能是有潜力的，但是还没有达到我们的期望。
- 清除：测试结果太糟糕了，根本不值得我们花时间改进。

这一简单的流程管理让我们清除了很多无法提高用户体验或满足不了我们其他期望的功能。如果我们的站点塞满了各种各样的新功能，这不仅会降低每个功能的开发速度，还会破坏用户的体验。我们知道，在面对这些花里胡哨的新玩意儿时，用户常常会手足无措。

让我十分意外的是，当我们清除一项功能时，我们的产品经理和工程师会比庆祝测试取得成功时更加兴奋。这意味着他们可以少写一些代码，而且开发新功能变得更加容易了。同时，我自己还想出了另外一层原因，那就是，通过清理掉用户很少使用的功能，网站变得更加清爽了，而用户对网站的使用率也逐步提高了。

# **爆炸式增长小贴士50：**你的产品中有没有用户很少使用的功能？如果有，你是否有计划在未来30天内将这些功能清除？

# **爆炸式增长小贴士51：**你有没有对产品的新功能评估进行流程管理？如果没有，那就尽快实施CIO（庆祝、迭代、清除）战略吧。

## 读书！读书！读一切可读之书

我用来拯救公司组织健康的第二个办法就是狂读书，了解优秀公司与普通公司之间的区别以及如何让一家正在增长的公司的规模不断扩大。我的读书计划十分疯狂，那就是每晚阅读一整本关于领导力的书，并于第二天就将学到的所有经验应用在公司里。说来也怪，我通过这种方式学到的许多经验都对公司提供了很大的帮助。

### 打造公司愿景和使命

有一天晚上，我读到了一本书，讲的是如何打造醒目的组织使命和愿景。第二天早晨，我来到办公室，准备把书本知识转化为行动。我现在已经不记得那本书的书名了（因为当时读了太多的书），但我记得书里说，我们的组织使命应该“激励人心、历久弥新，能清晰地为公司发展指明方向，同时赋予人们主动作为的自由，杜绝自上而下对所有事情进行决策”。

那天早晨，我便向员工们宣布：“我们公司的愿景还不是很清晰，所以，我希望大家能集中精力，想出一个激励人心的、能让公司全体上下都有共鸣的公司愿景。”

我继续说道：“大家来看一看谷歌公司的愿景：‘整理全世界的信息，为全世界所用’。脸书公司的愿景是：‘让人们有权力共享，让世界更加开放和联通’。这些都是很好的例子，我们现在就缺乏这样的公司愿景。”

几天之后，我们的公司使命出炉了："消灭孤独。"

对此，我们做了进一步阐释："创新解决方案，让交友更有趣、更简单，让生活更充实、更多彩。"

后来我得知，这全是麦克·舍尔洛夫妻子玛丽莎的注意。当时，我觉得麦克简直是把他的聪明才智发挥到了极致。在意识到不能指望一群20多岁的技术宅给公司想出一条合适的使命后，他居然搬来了夫人当救兵。

公司使命对我们产生了很大的影响，也让我们深受启发。它给了很多人每天上班的理由，让员工们觉得，他们每天的工作不仅仅是为了提高市场营销的投资回报率、获得更多用户，而是为了某些更加崇高的理由。此外，这条使命也意味着，我们不必把精力都集中在在线社交上，因为我们越来越发现，很多人使用在线社交网站不仅是为了社交，有时只是想多认识几个新朋友，这为我们提供了一个极大的机遇。公司使命影响了我们之后的每一个决策，事实也证明，它极大地鼓舞了我们每一个人。同时，它让我们专心致志地追求新的创意。有一件事让我感受到了公司使命产生的影响。那是在一次公司聚会上，大家一起外出唱卡拉OK，我听到有人问麦克他在即刻互动的职务是什么，麦克回答道："你知道吗？我只要敲敲键盘，婴儿就被制造出来了。"

# **爆炸式增长小贴士52：**你的公司是否具有清晰而鼓舞人心的愿景和使命？

**核心价值**

为什么我们有时会招聘一些与公司企业文化格格不入的人？我读过的

一本书就认为，这是因为我们没有一套清晰的企业价值，而企业价值可以决定哪些人会在我们的企业文化中如鱼得水。趁着这一观点在我大脑中还十分新鲜，我又给自己布置了另外一个任务，那就是制定公司运营的五大核心价值。以下就是我们讨论的结果：

**1. 科学。**我们通过科学的、有数据支撑的方法做出决策，先假设，再实验，然后学习，最后迭代。我们寻找创新的解决方案，对假设提出质疑，哪怕这些假设行之有效。我们的最好创意必须有实验和迭代作为引导。

**2. 主动。**我们的工作热情体现在我们的工作方式上。发现问题时，我们不仅要主动去解决问题，更要把问题妥善处理好。接着，我们便要寻找下一个改进机会，并实现改进。这一原则不仅适用于我们的工作，还适用于我们自身。我们应积极自我提升，让自己成为各自领域的专家，不管是通过上课、阅读论坛演讲还是参加读书俱乐部。

**3. 快速。**看货、交钱、送货！我们做事要快，就像球场上的最佳球员一样。与完美相比，我们更追求行动和速度。与明天的精美报告相比，我们更喜欢今天的格式很丑但内容却十分精确的报告。我们行动得越快，就会失败得越快，学习得也就越快。为了让我们行动迅速，我们应该在一切可能的地方实现自动化。

**4. 计划与执行。**没有计划的目标等于空谈。我们制定精细的计划和流程管理，严格执行，直到获得结果。我们时刻保持敏锐。一旦意识到朝着错误的方向前进，我们将立刻做出调整，制定新计划，踏上新的道路。

**5. 协作。**人人都能贡献好主意，我们应该为大家畅所欲言打造安全而开放的环境。要使协作有效，倾听与被倾听同样重要。因此，我们首先要理解别人，再争取得到别人理解。当我们遇到困难时，我们要把精力花在吸取教训上，而不是责怪他人。我们重视彼此的创意，可以上一秒为了一个想法争论得不可开交，下一秒就能约着出去喝啤酒。

为了时刻唤醒大家对公司的认识，我们将核心价值观做成海报，在公司里到处张贴（注意：我们发现洗手间是吸引人们注意力的最佳场所）。这份核心价值观清单不断地鼓舞着员工，让大家感受到自己是这个独特的价值观体系的一部分，同时明白自己在其中扮演的角色。此外，为了在实践中更好地巩固核心价值观，我们会鼓励全体上下向那些在核心价值观的某个方面做得十分出色的员工看齐，并在每周的全体人员会议上向那些杰出员工颁奖。

更重要的是，核心价值观帮助我们把公司的规模越做越大，因为在我们增长的同时，核心价值观赋予了员工自主决策的权力。否则，如果所有决策权都在领导层手中，那么公司就会在无形中出现专政，这是我和任何一名员工都不想看到的。但是，如果公司中只有我一个人了解公司的核心价值观，那唯一真正有能力做出决策的人也就只能是我。相反，如果员工有了权力，认为自己应该对产品质量负责、产品就是自己的心血，那么他们对于决策也一定有话要说。

最后，确立五大核心价值观也有利于我们辨别哪些新员工适合在我们公司工作。如果一名应聘者的价值观与我们公司的核心价值观不一致，那我们可以直接面试下一位应聘者。例如，我们经常碰到一些应聘者，说他们更倾向于在家办公，因为在家办公不容易分神（当然还有其他原因）。

虽然有些公司的确欢迎这样的办公理念，但这却不符合我们公司的核心价值观——协作。所以，淘汰这样的应聘者就显得十分容易了。

要想快速地确立公司核心价值观，你应该好好地对公司进行观察，找出理想的员工类型。然后，对这些员工的特别之处进行分析，这一点应该不难。最后，在分析过程中，你就可以找出与之关联的公司核心价值观了。

# **爆炸式增长小贴士53：**你有没有制定公司的核心价值观？每位员工都知道公司的核心价值观吗？你有没有采取措施巩固公司的核心价值观？

**塑造办公室文化的十大妙招**

作为公司的联合创始人，我的兄弟达瑞尔将办公室文化视为自己的重点工作之一。我们最终得以恢复组织健康，在很大程度上要归功于他的辛勤工作和决心。《财经内幕》甚至专门撰写了一篇文章赞扬我们出色的办公室文化，这篇文章的标题是：《游戏爱好者为何喜欢为脸书在线社交应用开发商即刻互动工作》。

我们之所以会在组织健康上出现转机是因为我们实施了一系列富有创意的“办公室文化小妙招”，让大家每周一都十分期待来公司工作。后来，达瑞尔甚至在他点击量很高的博客中专门介绍了这些好办法。

回想过去，为了让大家在提到公司文化时能感到骄傲，我们大概采取了不下100个措施。这里我只想介绍下其中几个亮点。值得注意的是，这些措施基本上都是一些小事情，任何公司都可以引入到自己的办公环境中去，而且立刻就能使办公室文化得到提升。

**1. 按摩日。**这是最有效的措施——相信我，而且一点也不像听上去那么费钱。我们只是请了一些人来到办公室，每周或每两周来为服务几个小时，使公司的每一位员工都能坐在办公椅上享受十五分钟的按摩服务。这不需要占用很长的工作时间，而且成本也不高，但每位员工都十分期待这项服务。另外，在做招聘广告时，把它放在员工待遇里会十分吸引人眼球。

**2. 公司简报。**随着公司规模不断扩大，员工之间越来越难以互相认识和了解。因此，我们开始每季度做一份公司简报，里面各种内容都有，包括公司大事件、活动图片、员工生日、重大时间节点等，甚至还有新员工的档案和面试情况介绍。

**3. 夏日周五早下班。**从阵亡将士纪念日（通常为五月的最后一个星期一）到劳工节（九月的第一个星期日）之间，我们允许员工在周五下午4:00之后就可以随时下班。虽然损失了几个小时的工作时间，但是由此带来的友善氛围却大大提高了员工的工作效率。我们甚至鼓励员工提交一些照片，与大家分享他们是如何度过夏日周五的。我们将他们提交的照片做成拼贴画，放到了公司简报中。

**4. 生日捐款。**随着公司规模扩大，我们很难为每位员工庆祝生日，而且找个方便的时间把所有人召集起来吃蛋糕也不是那么容易的事情。尽管如此，我们还是希望能够一直为员工庆祝生日。因此，我们便想出了一个很不错的注意，为每位过生日的员工提供100美元，他们可以在生日当天捐给自己选择的任何一家慈善机构。捐款的员工会被要求写一段话，介绍下自己选择的慈善机构，这家慈善机构会帮助哪些人，以及自己为什么要选择这家慈善机构。我们会把他们写的话放在公司简讯中，这样所有员工都能看到。这是一个很简单的方法，让员工为自己做了一件好事而感到快乐。

**5. 发展历程。**我们在一整块白墙上用时间线的方式展现了“即刻互动的发展历程”。时间线上不仅有公司的里程碑时刻，还有每位员工加入即刻互动的时间，而员工的照片就贴在他们加入即刻互动的日期之上。

**6. 乒乓球。**人人都爱乒乓球，但是我从没想到乒乓球能在办公室中如此受到欢迎。白天时，员工们会打一会儿球放松下，有人还特地在下班后留下来，就是为了能多打几局。我们甚至举办了乒乓球赛，来决出办公室中的冠军选手（决赛时，整个公司的所有员工都集中起来观赛）。为了达到效果，我还专门预定了一款特别定制的冠军腰带，授予比赛冠军。友好的竞技比赛对提高团队凝聚力有着很大帮助。

**7. 周三“Chipwich（一种冰激凌三明治）日”。**每周三下午，我们都会集体去会议室休息一会儿，享用美味的点心。每周的点心由员工们轮流负责安排，所以每位员工都有机会参与。每周预算大约五十美元，员工们都想拿出自己最好的创意，把其他人比下去，并且乐在其中。有些点心是员工们在家自制的，有些则是（那些对烘焙不感兴趣的人）在外采购的，但是每次的点心都很不错。因为我们在第一次举办该活动时购买的点心是Chipwich，所以就以Chipwich为该活动命名了。自此，周三“Chipwhich日”成了每周备受期待的活动。

**8. 热烈欢迎新员工。**常言道，第一印象比什么都重要。所以，我们希望新员工在上班第一天后是带着微笑（而不是带着压力）回家的。我们会在他们的办公桌上悬挂搞笑的气球；送给他们一小瓶公司定制的香槟庆祝他们的到来；把他们介绍给一位“伙伴”，后者会在上班第一天带着他们出去吃顿午饭（同时回答新员工想问的任何问题）。

**9. 文化俱乐部（一个英国乐队的名字）。**我把公司里最有创意、最为热情的员工们组织成了一个小团体，共同参加一些与文化相关的活动。我们定期碰面，每次都会想出一些有创意的新活动（例如这份清单中的几个小妙招）。我们自称为“文化俱乐部”，没错，有时我们的确会在开会时播放文化俱乐部的《变色龙的报应》这首歌。

**10.“不好意思，你用的是我的定制款纪念订书机。”**作为初创公司，除了花大力气招聘新员工之外，我们也十分希望能够勉励那些与我们共同奋斗了一段时间的老员工。我们想出了一个十分有趣的主意，那就是在每位员工入职即刻互动一周年时送给他们一个红色的、刻有他们名字的Swingline牌订书机。在他们入职一周年那周周一的全公司晨会上，我们将订书机正式授予他们。大家都十分喜爱这个礼物，新员工也迫不及待地数着日子，他们等不及要拿到订书机并拍照片发到脸书上分享。

改变公司文化需要时间、努力和恒心。但是我认为，小付出有大回报。我们与同事相处的时间远远多于与家人在一起的时间，因此让工作环境充满乐趣、让员工们更加紧密团结，最终会给我们带来巨大的回报。

\# **爆炸式增长小贴士54：**你有没有至少每个月在办公室给所有员工安排一次15分钟的按摩服务？相信我，一定要试试看。

## 90天冲刺：回复量提高400%

如果你能让公司上下齐心协力，朝着同一个方向努力，那么你的公司在任何行业、任何市场，面对任何竞争对手，在任何时候都将所向披靡。

——帕特里克·兰西欧尼，作家，撰写过11本商业书籍，

如果说，有哪一个事件对我们恢复组织健康最有帮助，我想，那应该是我们的90天冲刺。

在《基业长青》一书中，吉姆·柯林斯和杰瑞·波拉斯（Jerry Porras）讨论了BHAG这一概念。BHAG（Big Hairy Audacious Goal）是指让人血脉喷张的大胆目标，作者认为BHAG有利于推动持续创新。两位作者写道，一个好的BHAG可以最大限度地激励员工，让公司上下无不沉迷于它，同时鼓舞整个公司的士气。值得注意的是，柯林斯所说的BHAG，实际上是指诸如肯尼迪总统提出的10年之内实现人类登月这样的宏伟目标。虽然我们即刻互动的目标没有如此雄心勃勃，这一概念还是引起了我的极大兴趣。在我看来，BHAG可以让所有人感受到他们在为公司最重要的目标做出贡献，同时有了这个最重要的目标作为指引，大家也不会被其他短期的小目标和重点工作而占据所有注意力。

如果人人都清楚并理解公司的总体目标，那么每位员工在做决策时就会把它考虑在内。鉴于生产力的涓滴效应，这也会提高公司的所有其他关键性绩效指标（KPI）或小目标。

在《高效能人士的第八个习惯：从效能迈向卓越》（*The 8th Habit, From Effectiveness To Greatness*）一书中，史蒂芬·柯维将内部存在多种不同目标的组织比作一支功能失调的足球队。这一类比引起了我的极大共鸣，因为我想到了自己担任高中篮球队队长的经历。

我们的球队很棒。队里的每位球员都知道自己在球队中的位置，不

仅各自篮球打得好，我们互相之间的配合也十分不错。看上去，我们就像一支美国国家篮球队，里面都是“魔术师”埃尔文·约翰逊（Earvin Johnson）、迈克尔·乔丹（Michael Jordan）、拉里·伯德（Larry Bird）这样的明星球员。但是，如果哪怕只有一人不听从指挥，那么我们不管打什么比赛都会十分困难。而如果某位球员只顾自己得分，不管球队输赢，那么我们就很可能会成为任何对手的手下败将，甚至是2016年的布鲁克林篮网队（2016–2017赛季中，布鲁克林篮网队20胜62负，常规赛全联盟倒数第一，虽然我认为我们赢的概率会大一点，哪怕自己队伍里有球霸）。

鉴于自己对以上经验的深刻认识，我在员工之间开展了一项调查，让员工们说出他们认为的公司最重要的工作和最高的总体目标。我以为大家都知道答案。但是，员工们的回答却是东一榔头西一棒，全没答到点子上——这是给我的又一个警钟。但是这一结果也让很兴奋，因为我即将采取的行动会改变这一切，而且史蒂芬·柯维的那个类比真的深深地打动了我。我只需要弄清楚，公司的总体目标到底是什么，以及我们如何来实现它。毕竟，在没有一个统一的总体目标的情况下，我们也能走到今天这一步，设想一下，如果有一个总体目标妥善地指导我们一步一步地去做，那会发生什么。

那个时候，公司的各项数据都在下滑，我也清楚我们需要作出一些改变。我们当时大概制定了20多个不同目标和关键性绩效指标，我知道我必须从中选出一个，一个能让公司的引擎再次快速旋转起来的总体目标。

为此，我还从我阅读的书中选了几页的内容，复印出来发给公司里的员工看。我告诉他们，作为一家公司，我们应该搞清楚我们必须要实现的一个最重要的目标是什么。

正如我之前所说，用户在一家在线社交网站上经历的最神奇的时刻是他们发出的消息得到回复时，因为这意味着，他们感兴趣的人也对他们产生了兴趣。根据这一观察，我们决定公司的发展目标、我们的BHAG就是，使用户发出的初始消息收到更多回复。虽然我们的最终目标是提高收益，但是我们需要的是一个可以让我们直接采取行动的、更切实、更有针对性的目标。之后，我们开展了一些基础性的相关性分析，发现用户得到的回复数量直接关系到公司收益。这一点儿也不奇怪，因为一名用户收到的回复越多，他们使用我们网站的频率就越高，付给我们的费用也就越高。当时，AYI每天的回复量为80,000，而我们90天冲刺的目标就是将这一数字翻倍。

这是一个很高的目标，因为我们的回复量已经维持一年不变了。但是，我总认为，目标越低，创意越小。我也一贯鼓励（甚至坚持）敢想敢干，因为目标越高，我们在创意和思考的过程中就会想出更好的点子，最终带来更好的结果。有些员工认同这一点，有些则不然，所以，说到底，这还是公司核心价值观的问题。

我们先对90天冲刺期间所有的关键性绩效指标进行了讨论，然后把注意力都放到使回复量翻番上来。此外，我们请全公司的人员都加入了进来。员工们被分成各个小组，每个小组的任务就是在网站10%的用户身上测试他们的创意。测试结果最好的小组将赢得大奖。

\# **爆炸式增长小贴士55：**在你的公司里，大部分员工都在帮助公司达成关键性目标吗？

## 同样的激励，效果因人而异

我的经验是，如果一个目标足够重要，那么我们可以采用一些非常能够激励员工的策略。

我在华尔街的工作经历告诉我，人人都能被钱激励，但事实证明这一判断并不全对。

作为一个商人，能激励我的是打造一款有创意的产品，因为产品越有创意，带给我的利润就越高，公司的股票价格也就越高。然而，我很快就意识到，并不是所有人都会被同样的事情激励，对工程师来说尤其如此。例如，有些工程师认为，处理复杂的新挑战、新技术是这份工作给他们最大的激励因素。另一些工程师则认为，他们最在意的是自己的工作可以影响几百万名用户。很少有工程师——哪怕在压力情况下——会说钱是他们最大的动力。

这让我认识到，不同的人被不同的因素激励。虽然我发给员工们的奖品并不昂贵，但是与等值的奖金相比，奖品更能让员工受到激励，因为他们拿到的奖品也许就是那件他们喜欢了很久但自己却不一定会花钱去买的东西。一旦明白了这一点，我就花了很多时间和精力为员工精心挑选了一些特别有意义的奖品。

# **爆炸式增长小贴士56：**弄清楚每位员工的激励因素是什么，并理解能激励你的因素不一定会激励他们。你有没有问过应聘者和员工，什么因素让他们对每天上班充满期待？

我一一询问了公司的员工，什么奖品最能让他们受到激励。然后，我便搭配了以下这个奖品大礼包：两张一票难求的百老汇热门音乐剧《摩门经》门票，任何一家牛排餐厅的一顿牛排晚餐，一张价值2,000美元的苹果公司礼品卡，为小组或公司筹划一次派对的5,000美元预算，以及一个星期上下班的汽车接送服务。

有趣的是，在实施90天冲刺计划之前，我学到了关于激励员工的宝贵一课。当时，我们正在努力募集资金，试图营造一个可以带领我们走向胜利的公司文化。

我们公司的办公室就在麦迪逊广场花园边上（麦迪逊广场花园位于纽约市曼哈顿中城，坐落在全美最大的火车站之一宾夕法尼亚车站上方，毗邻帝国大厦等多个曼哈顿地标建筑。麦迪逊广场花园是一个多功能的室内体育馆，举办职业篮球赛、职业冰球赛以及拳击赛、音乐会等各类体育娱乐活动），而我恰好又是一名篮球运动爱好者。当时的我还不知道，对我有激励作用的事情可能对别人不大管用。我是这样想的："要不买一些尼克斯队的季票吧，对员工肯定很有吸引力！"我的计划是让每位员工选看一场比赛。在把这个消息告诉大家的时候，我兴奋极了。

令我惊讶的是，办公室里不少女性员工表示想去看比赛（我想她们只是想晚上出去玩玩，而不是真的对篮球感兴趣），但是男性员工几乎没有一个对比赛感兴趣。这让我大跌眼镜。

一位员工甚至问我："一场比赛大概多长时间？"

我说："大概两个半小时吧。这可是尼克斯队，一支职业篮球队！"

他又问我："那我应该穿什么衣服去看比赛？"

我说："什么叫'穿什么衣服'？难道不是穿T恤和裤子吗？"

他说道："我的意思是，需要穿西装或燕尾服之类的衣服吗？他们不会让我跟他们打球吧？"

他这最后一个问题总算把事情给说清楚了——他根本不知道什么是职业篮球，这对他来说一点激励作用都不会有（这个故事还有段有趣的后文：这位员工最后还是去看了比赛，后来还成了尼克斯队的忠实球迷）。

在大家都得到激励后，每位员工回到各自小组中，想方设法要把用户得到的回复量翻一番。刚开始时，我提出的唯一要求是，各小组的每个想法都需得到我（以及几名公司高层）的批准。每周，我们还开会，了解每位员工在各小组中的进展情况。在冲刺的90天里，这是我们唯一关心的事情。对盈利和用户订阅量的担心被抛诸脑后，它们就像在医院出生的小婴儿回家那天，被大人们遗忘的大孩子一样。

当然，在你为了激励别人达成目标而抛出了一个无比吸引人的奖品大礼包后会发生什么呢？人的本性决定了，毫无例外地，总有人想钻空子，或直接作弊。

有些人入职四五年了从来没有贡献过什么好点子，突然之间，他们受到了激励开始开动脑筋。这时，我们就会发现，他们提出的很多想法都显得过于"有创意"了。其中的一个"创意"是，给我们的应用安装一个按钮，用户轻轻一按就可以给网站上所有的其他用户发出一条信息。这个想法虽然狡猾，但无异于给AYI增添了一个"群发所有人"的功能。理论上讲，这一定会使回复量翻番（因为每位用户都会被收到的信息所淹没），但是也绝对会大大破坏用户体验。我必须否决这个想法。

在这之前，想出这个点子的人从未给公司贡献过任何创意。在消灭了他这个有可能让我们网站彻底完蛋的危险主意后，我问他是不是还有其他的想法。果然，他还有一些的确不错的点子，而且破坏力没那么强。我又进一步探究了下，问他："你的这些创意都是从哪儿来的？"他说："我真的很想看《摩门经》。"这一事实也证明了，不同的人，被不同的因素激励。

在90天冲刺中，每个小组都至少贡献了一个好主意。其中一个想法是，在用户登录网站后，向用户弹出"未读信息"提示。这是一个简单却了不起的好主意，仅凭这一个创意，我们的回复量几乎就翻了一倍。

虽然弹出消息提示被普遍认为令人心烦并因此不利于用户体验，我还是批准了这一功能，因为收到信息对用户来说是一次美妙的网站体验，因此我想，强化用户的这种体验会得到用户的认可。和通常情况一样，数据给我们提供了令人惊讶却十分有用的建议。数据显示，弹出消息提示会降低女性用户保留率，因为大部分女性用户总是能收到很多消息，因此她们觉得经常出现弹出窗口很烦人。于是我们迅速对功能进行了迭代，使用户可以轻松地一键关闭这一功能。

另一个极其简单却十分有效的创意是，增加用户收件箱首页显示的消息数量。提出这个创意的人说："每次我想看更多消息时，都要去点击'下一页'，因为每页只能显示10条消息。这实在是太麻烦了。"

一开始，他们小组试着把首页显示的消息数量从10条增加到20条，一下就大大提高了回复量。然后，他们试着把数字提高到30，这次回复量的增长幅度更大。在下一次迭代中，他们尝试提高到50条，但在这种情况下，页面的加载时间太长了，损害了用户体验。因此，我们得出结论，35条是最佳数量，用户既可以看到尽可能多的消息，又不会面对加载时间的问题。

大多数的好主意来自意想不到的地方。最好的创意并不是来自拿着最高薪水的专职创意人员，事实上，大部分的好创意都是来自行政和支持部门的员工，他们拿着公司里最低的薪水。这是我学到的另一个宝贵经验，无论我走到哪里，都会铭记于心——向公司的每位员工寻求创意，因为你永远也不知道真正的天才藏在何处。为确保这一点，我和公司的其他领导一直与用户保持着联系，同时支持部门每周整理一份用户提出的主要问题和想法供公司管理层讨论。

说到真正的民间高手，他们想出的一个主意是，在发给用户的一些邮件的主题行中放入一个心形图标。我心想：“这真是我听过的最愚蠢的想法。”当然，这句话我没有说出来，因为这会极大地破坏员工们的头脑风暴过程（以及我们的核心价值观）。

一个想法只要有实施的可行性，我们就必须试一试。因此，我们便开始了测试，在一些邮件的主题行中放入了一个心形图标——你瞧！邮件的打开阅读量提高了18%！

# **爆炸式增长小贴士57：**不要害怕测试任何想法，因为你很难猜到哪些想法有用，哪些想法不可行。最近你有没有对公司客户服务部门大力推动的某个想法进行测试？

90天冲刺下来，结果如何？我们不仅使回复量翻了一番，事实上，我们使回复量翻了5倍，每天的回复量（在80,000条的基础上）达到了400,000条。看上去简单、有趣、充满互动的90天冲刺彻底改变了公司的发展轨迹，使我们每年的盈利上升至1900万美元。90天冲刺也极大地治愈了公司糟糕的组织健康，同时在我们急需工作重心的时候，带领我们走出了忙乱的状态。

# **爆炸式增长小贴士58：**是不是有这样一个目标，一旦你实现了它，公司的其他问题就会迎刃而解？你有没有计划沉迷于这一目标并实现它？

# **爆炸式增长小贴士59：**目标越低，创意越小。把目标提高两三倍，在全公司范围内开展头脑风暴，寻求好创意。

## 无限时妙招讨论会

过了不久，我们又面临了另一个挑战——曾经让我们在脸书上实现病毒式传播、新用户不断涌入的源泉已经枯竭。我们必须想办法重新维持增长。在面对大部分挑战时，我们的应对方法一般是充分利用自身优势。我们总是保持专注力，永远比别人更努力，利用数据优势进行科学决策——我们的成功与这些优势息息相关。我们很快意识到，有效利用数据不仅是我们的优势，还能帮助我们保持增长。

表面看来，我们是一群无忧无虑的技术工程师，给自己赋予了“消灭孤独”的使命。这个使命很有新意，而且是为了社会大众的福利着想。但实质上，我们严肃认真、依赖数据、注重分析，是一台严谨的数字运算机器。让我们鹤立鸡群的正是我们大量收集并快速分析数据的能力。事实上，我对我们的这一优势认识得有点迟。

我们可以同时开展几百项实验，创造几百万种网站的排列组合方式。实验结束后，我们实时收集结果，可以根据我们需要的任何群体把实验结果切分——年龄、性别、地点等，继而创造出最佳的用户体验。

为了重新实现增长，我们埋头于精心设计的产品开发路线图。连续工作了几个月后，我的团队开始抱怨，说这样的工作氛围让他们没有一点创意创新的空间。他们的抱怨触到了我的痛处，让我又想起了创业之初脸书给我们带来的机遇。我知道，这样的机遇还会再次发生，但是，如果我们只知道埋首于设计好的产品开发路线图，也许我们会根本忙得注意不到机遇的到来。所以，我就问我的团队有什么建议。

团队建议我效仿谷歌，给员工留出20%的工作时间自由创意，把时间花在他们自己感兴趣的事情上。这个想法并没有得到我的认同，因为这看上去太像娱乐时间了。

他们又给了我一个建议，那就是组织无限时妙招讨论会。这和上一个建议本质上很类似，但更有组织性，因为大家可以边玩边协作，这也是我们的核心价值观之一。当时，我依然觉得无限时妙招讨论会就是一个让大家不用全天工作的理由，但事实证明，我完全错了。

每月一次的无限时妙招讨论会在每月最后一个星期五举行。鉴于我认为这完全是浪费时间，开会之前我们会先准备一个主题或我们想要解决的问题，这样各小组在讨论时会比较有重点。但是，这也只是提供了一个方向，并不是强制的规定，如果大家对主题不感兴趣，他们可以讨论任何问题。

在一次无限时妙招讨论会之前，我们市场部的同事提出了一个问题："在收到盈利数据报告之前，我们是否有办法提前判断一场营销活动是否有效？因为一场营销活动结束后，我们往往要等好几个月才能从盈利数据上看出营销活动的效果。"有几名工程师立刻就兴奋了，把这个问题视为一项挑战。他们迅速与市场部携手，试图想出一个好办法。没想到，以前从不说话的市场部和工程师居然为了一项未满足的需求而合作了。我想，市场部应该知道，工程师们（或他们口中的“数据人员”）手中宝贵的技术可以帮助他们找到解决方案。

通过每月一度的无限时妙招讨论会和辛苦的产品开发，我们建立起了错综复杂的系统，可以每分钟分析几百万个数据。同时，我们还越来越有效地利用这些系统为公司获得了广泛的新闻报道。

我们的市场部和工程师们携手合作，想出了一些办法，进行了一些测试，结果居然被他们捣鼓出了了不起的东西。他们开发出来的新工具可以根据用户档案中的数据（如年龄、性别、所在城市等）和用户的初始活动（如他们浏览了多少人的档案、他们上传了多少照片）准确预测一场营销活动的长期投资回报率。开发团队证明，一名用户的初始活动可以在很大程度上预测几个月后我们可以从这名用户身上、从这场营销活动中得到多少盈利。这也意味着，在一场营销活动的盈利报告出来之前，我们就能计算出这场营销活动的投资回报率。换句话说，其他公司需要几个月才能做到的事情，我们只要花几分钟就能轻松做到。这也反映出，我们实际上是一家大数据公司，只是碰巧做了在线社交业务。

\# **爆炸式增长小贴士60：**你的员工有发挥创造力、测试自己想法的渠道吗？你有没有每月举办过一次无限时妙招讨论会？

\# **爆炸式增长小贴士61：**你的公司是否拥有一些内部开发的工具，这些工具本身可能比你当前的产品更具商机？你有没有在这些工具上追求过商机？

## 信息匹配度意味着价值

我们的用户喜欢探求社交世界的真相，了解一些关于社交的数字，媒体也是如此。大概是人的天性使然，我们总是想知道自己在其中属于哪一类人。大多数人都十分好奇，我们属于哪一组数据代表的群体，这类群体在吸引异性目光方面是有利还是有弊。我们意识到，我们手中掌握了所有数据，可以回答那些被普遍认为禁忌或有争议的问题。在公司内部做数据分析时，我们发现有些问题的答案太过有趣。我们知道，我们可能挖到宝了。

情人节就要来了，我们想争取一些新闻报道，因为这可是一年当中单身人士登录社交网站并在上面花钱的大日子。和往常一样，我们还是组织了一次头脑风暴，让大家想一想，我们可以在新闻稿上写一些什么内容。有位员工发表看法："我朋友发现自己单身了，是因为她发现她的男友在脸书上把自己的恋爱状态改成了单身。这种情况是不是在AYI上也经常发生？我们有什么办法可以知道吗？"

对于这个问题，我们当时并没有现成的内部数据，因此我们就找了用户做调查，请用户告诉我们答案。在调查中，我们询问用户，他们是否在看到自己的对象修改了脸书状态后才知道自己失恋了。

调查发现，25%的受访者给出了"是"的回答。人难过时总喜欢看到别人也陪着自己一起难过。有过这样伤心经历的人，总希望我们用数字告诉他们，不是只有他们有过这样的经历。我记得，这份调查结果为我们吸引了大量报道和新用户。既然这次效果不错，我们就把用户调查充分运用了起来。

我告诉公司里的每位员工："这次的效果十分不错。那我们就再想一些其他的主意，要有趣、好玩、能制造话题。"在这次公开征求意见之后，我们收到几百个——也许几千个——创意，而且大部分都不错。这让我们产生了一个非常重要的概念，那就是利用大数据讲故事。此外，我们还特意发布了一个被广泛报道的博客，名字叫"社交大数据"。

为了让一条故事或新闻实现病毒式传播，一家公司愿意花很多钱、做任何事。根据我们之前新闻劫持以及情人节分手调查的成功经验，很显然，我们可以以我们的数据或用户调查为内容，不间断地制造有趣又抓人眼球的新闻故事，提高我们的品牌知名度。

我们制造的几十条新闻故事都实现了病毒式传播，每条都有几百万的阅读量。这些新闻故事给我们带来了大量的新用户。我们对制造这些故事已经信手拈来，似乎这已成为了我们的本能反应。而我们制造新闻故事的方法也同样适用于其他行业。以下就是我们整理的一份简明而全面的"如何利用大数据讲故事"指南：

**1. 想一个有争议或有趣的话题。**制造一个有争议的、有趣的或禁忌的与行业相关的假设，通常是发动全公司一起进行头脑风暴完成。例如：金发女郎真的更有趣吗?

**2. 数据分析。**如果数据不够或者无法提供数据支撑，那就对用户进行调查，或通过"谷歌调查"（谷歌公司开发的一款服务，用户可以通过"谷歌表单"在谷歌上制作自己的自定义调查问卷）来完成。例如：为了计算金发女郎是否更有趣，我们只需计算出不同发色的女性被"喜欢"和被忽略的频率。

**3. 起一个朗朗上口的标题。**根据数据分析，找出最有趣或最有争议——最好能吸引眼球——的结果，并在标题中凸显出来。例如：金发女郎在网上的有趣程度比其他女性高28%。

**4. 设计有趣的视觉呈现。**将数据的视觉呈现效果精心设计出来。

**5. 将故事复制到不同群体身上。**如果你制造的第一个故事成功了，那么就可以把相同的故事进行复制，但是要从更细致的角度来呈现，例如具体某个地方（国家、城市、州）、年龄段（千禧一代、婴儿潮一代）或兴趣组（安卓用户、苹果手机用户）等，这样就可以围绕一个概念制造出数不完的热门故事。例如：就头发颜色的故事，我们将调查结果先细化到了每个州，然后是每个城市、不同年龄段和性别。

接下来几个子章节中，我将分享一些我们如何利用AYI（现在已更名为FirstMet）上的大数据来讲故事的、最成功、最有趣的案例。它们中的每一个都引起了媒体的广泛报道，给我们带来了几万、几十万的新用户，同时帮助我们在客户心中打响了品牌。你可以在以下网址找到这些以及其他大数据故事：http://www.explosive-growth.com/case-study。

### （网上的）金发女郎真的更有趣吗

显然，金发女郎真的更有趣——至少这是我们的调查得出的结论。我们很多大数据故事的最好创意来自公司中的女性员工，制造一个与头发颜色相关的数据故事就是她们的杰作之一。通过对不同发色女性得到的“喜欢”评价概率进行分析，我们发现，金发女郎获得配对的数量比其他发色的女性高了28%。对这则故事的读者（可能都不是金发女郎）来说，这个数字有点高得吓人，但是我们是有数据作为支撑的。

### 秃顶也美丽

如果我们提供的数据能证明或打破人们心中普遍存在的传统印象（例如，金发女郎更有趣），那么这本身就是一条很有趣的新闻故事。不过，我们的数据常常能发现一些令人惊讶的结果，这时，新闻故事的价值就更高了。这次，我们把头发颜色的故事复制到了男性身上，数据显示，秃顶对男性用户来说没有任何损失，因为调查发现，秃顶男性得到配对的概率比男性平均值高了5%。

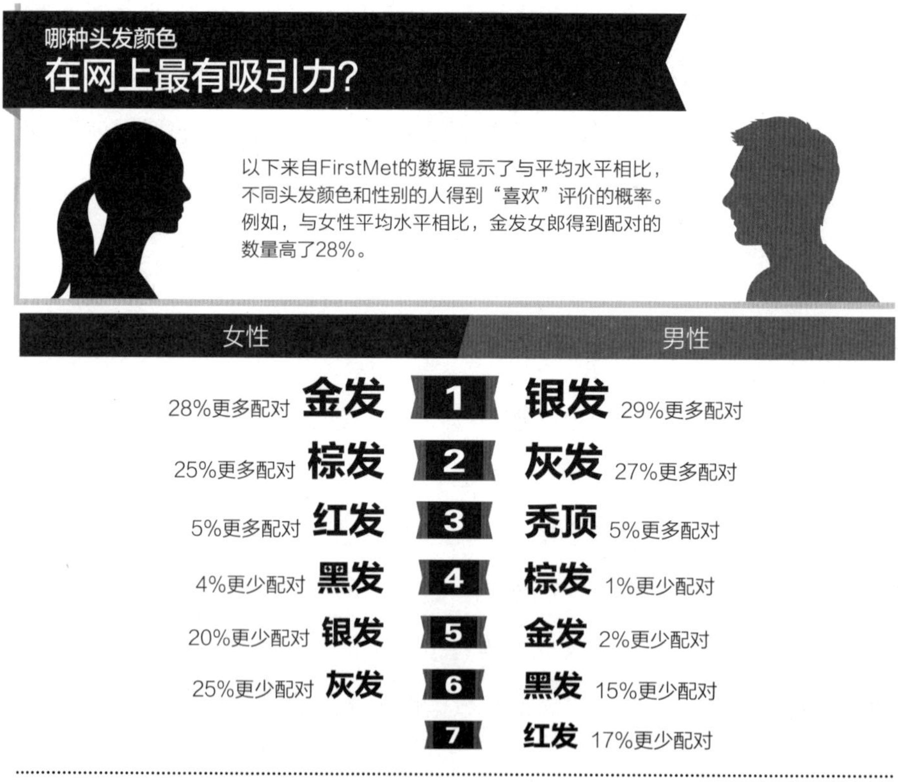

随着这篇新闻故事的病毒式传播，我们获得了利用大数据讲故事的独家秘方（也就是本章前面章节中提到的5个步骤）。于是，我们对这篇故事重新加以利用，加入了一些新的地理因素。

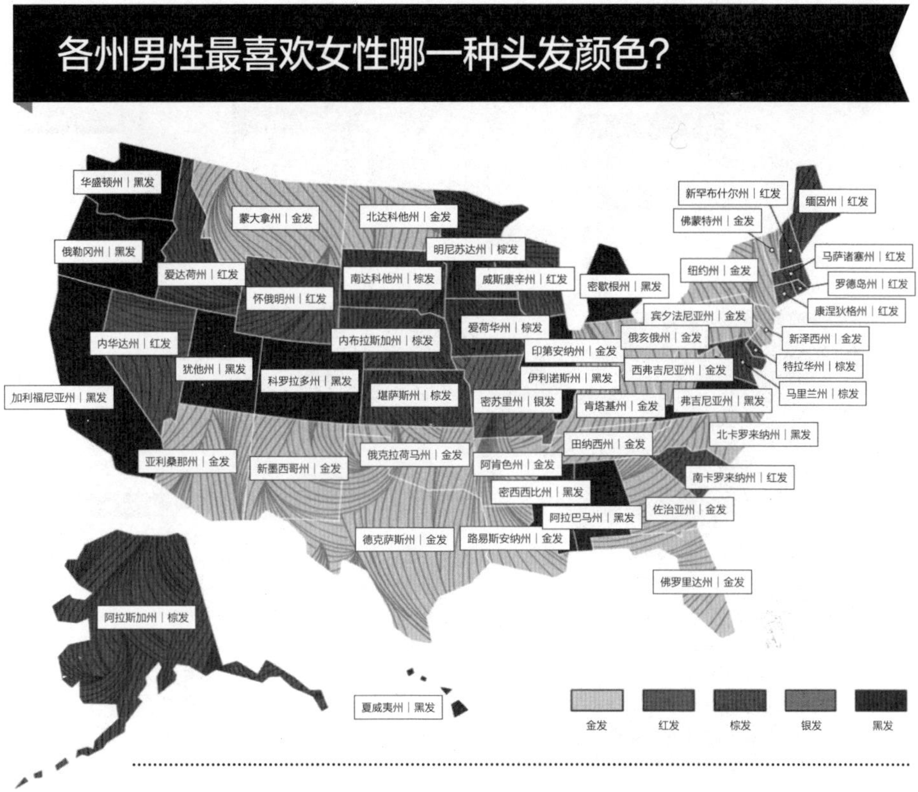

## 最喜欢你头发颜色的城市

以下来自FirstMet的数据显示了最喜欢某种头发颜色的城市。例如，最喜欢金发女性的城市是佛罗里达州坦帕市。

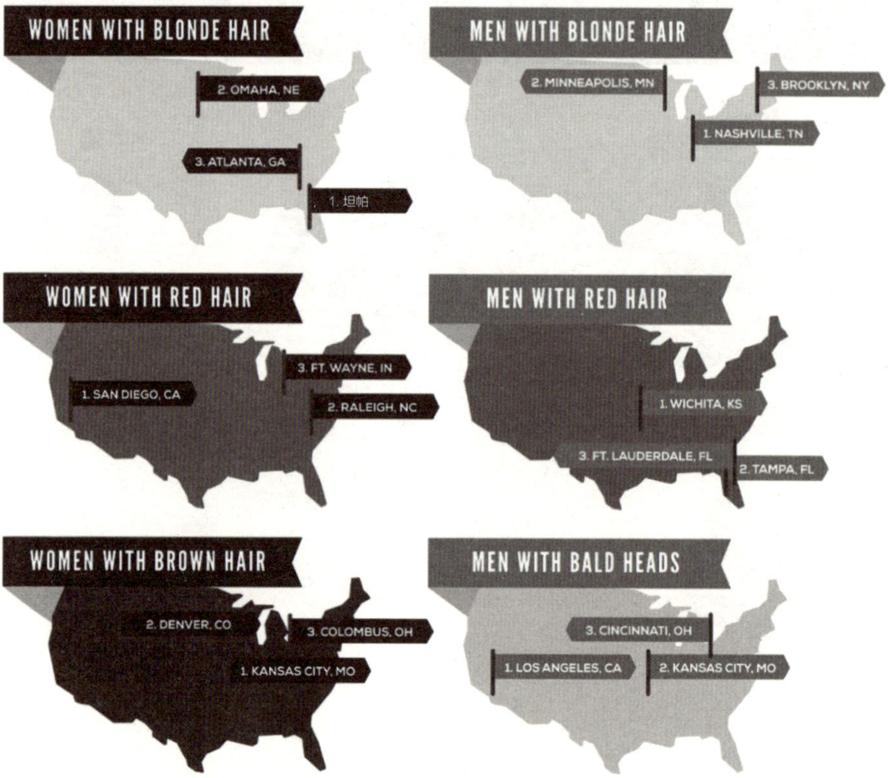

## 你有没有在吸引女孩

AYI应用上可以允许用户选择自己的收入水平，这也是大多数社交网站的典型特征。于是，我们便从用户收入的数据分析中衍生出了一个新闻故事，把人们的收入与网上社交的成功率联系起来。对我们来说，这是一件极其轻松的事情。

我们发现，用户的收入越高，他们在网上的魅力就越高，这并不奇怪。关键是，年收入高于15万美元的男性用户收到的消息比年收入少于4万美元的男性用户高出了53%。整体来看，数据显示，高收入男性得到“喜欢”评价的概率为17.8%，而低收入男性用户得到“喜欢”评价的概率为11.6%。

## 你有没有在吸引女孩？

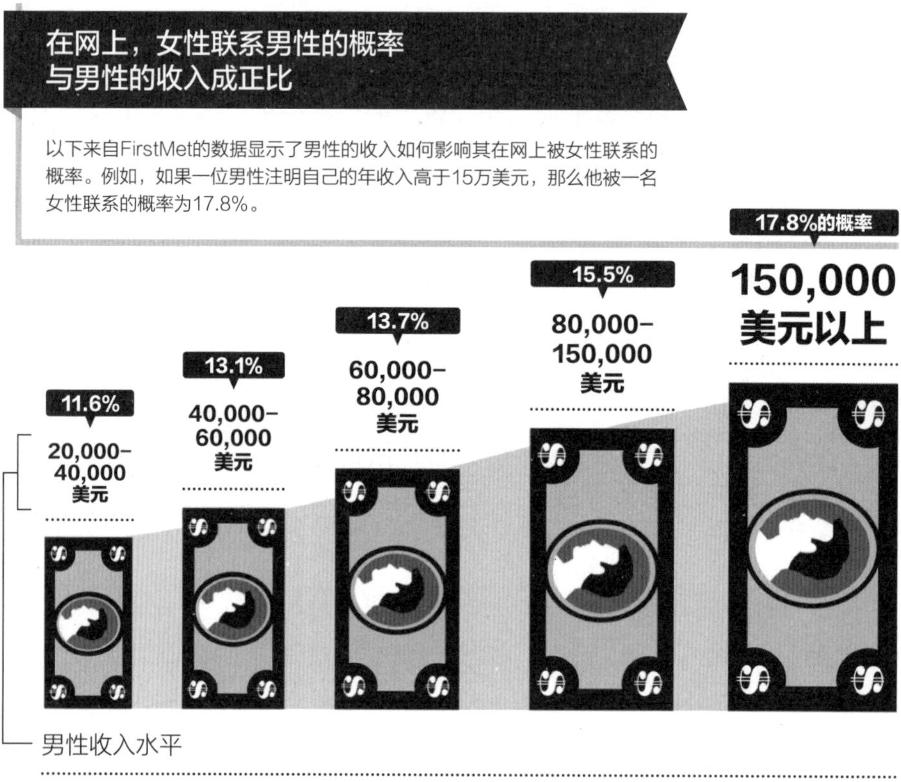


在这篇报道大获成功后，我们想，不妨看一看美国哪个城市的男性最容易碰到女孩。

## 哪个城市的女孩最多?

**女孩所在城市排行榜**
**一个城市里，女性与年收入超过8万美元男性联系的概率**

以下来自FirstMet的数据显示了每个城市中，女性主动回复年收入超过8万美元男性的概率。例如，在得克萨斯州休斯顿，女性主动回复年收入超过8万美元男性的概率为24%，这在所有城市中是最高的。

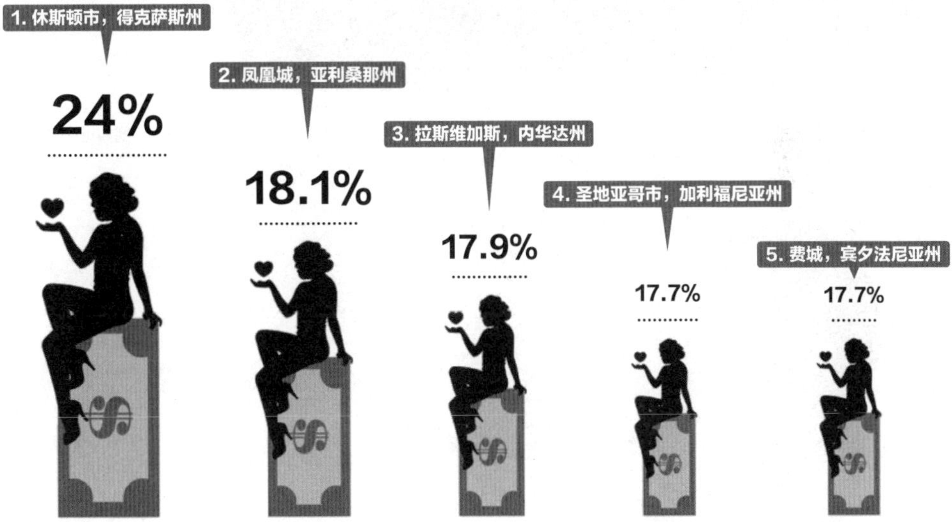


### 身高很重要

我们的数据显示，人人都爱钱，而且女性更喜欢高个子男生。当然，这些都不是什么大不了的革命性大发现。但是，我们制造的这两个新闻故事却都在网上被疯狂传播。这背后的原因，一是我们能够将发现的结果量化，二是我们能够用新颖有趣的方法将结果呈现出来。例如，男生个子越高，越能吸引女生的目光，但是上限是6英尺8英寸（约等于2米）。更重要的是，我们发现了身高为6英尺2英寸的男生（约等于1.88米）被女性联系的概率比身高不足5英尺5英寸（约等于1.65米）的男生高了57%。

## 身高对网上社交很重要

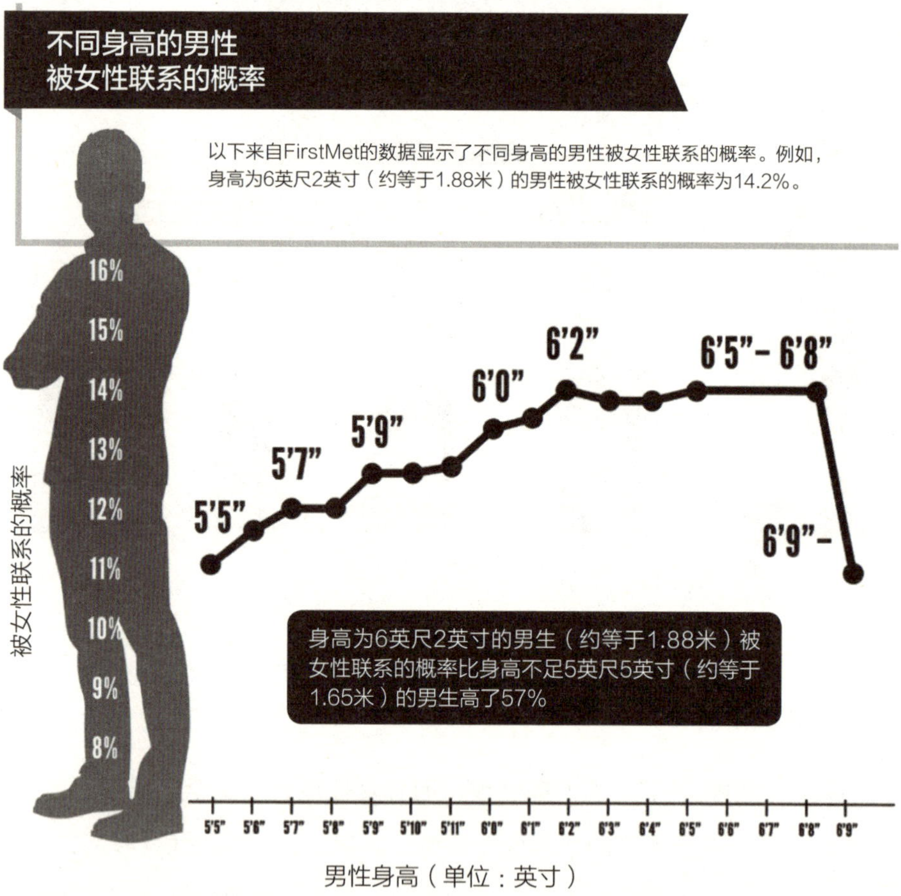

这一结果对我们来说真是太有趣了，我们的用户也十分喜欢。于是，我们决定在第二大市场英国开展相同的调查。继而，我们意识到，同样的事情还可以在不同地域层面开展，因此我们决定将调查数据具体到各个城市。结果发现，曼哈顿身高不足5英尺9英寸（约等于1.75米）的男性被女性联系的概率只有1.2%。这意味着，如果你只有这么高，那么100个女性中有99个都会把你给“跳过”。但是，在旁边的泽西城，矮个子男生得到“喜欢”评价的概率就高得多了，有7.6%。虽然还不理想，但是我很好奇，我们的报告会不会造成矮个子的男生大规模地从曼哈顿搬到泽西城去。

因为这次调查的对象为纽约大都会地区的城市，我们的这篇新闻故事得到了《每日新闻报》和《纽约邮报》（美国发行量最大的日报之一，总部位于纽约市）的大规模报道。

## 纽约大都会地区哪个城市最在意身高

**矮个子男性被联系的概率**

以下来自FirstMet的数据显示了每个地区身高低于5英尺9英寸（约等于1.75米）的男性被女性联系的概率。例如，在新泽西州的泽西城，当一位女性在浏览到一名身高低于5英尺9英寸（约等于1.75米）的男性档案时，她主动联系这名男性的概率为7.6%。

身高低于5英尺9英寸

最高

1. 泽西城 7.6%
2. 皇后区 5.4%
3. 史丹顿岛 4.1%
4. 长岛 3.7%
5. 布鲁克林区 2.4%
6. 布朗克斯区 1.2%
7. 曼哈顿 1.2%

最低

### 身材窈窕的女性在哪里最受欢迎

除了挖掘出有趣的数据之外，我们更希望能够给我们的用户和读者提供有价值的信息。我们知道，人们在网上往往表现得十分肤浅，因此我们就很想知道哪个城市最喜欢身材好的女性，同时我们也可以发现哪些城市最肤浅。这对我们的用户和读者来说应该是一条有帮助的信息。

## 对身材窈窕的女性
## 最友好的城市和最不友好的城市

通过对10万条用户互动信息的调查，FirstMet根据每份用户档案被查看时得到的“喜欢”评价找出了最喜欢身材窈窕的女性的城市。例如，当一位内华达州拉斯维加斯市的男性在看到一位身材窈窕的女性的档案时，他给出“喜欢”评价的概率为12.1%。

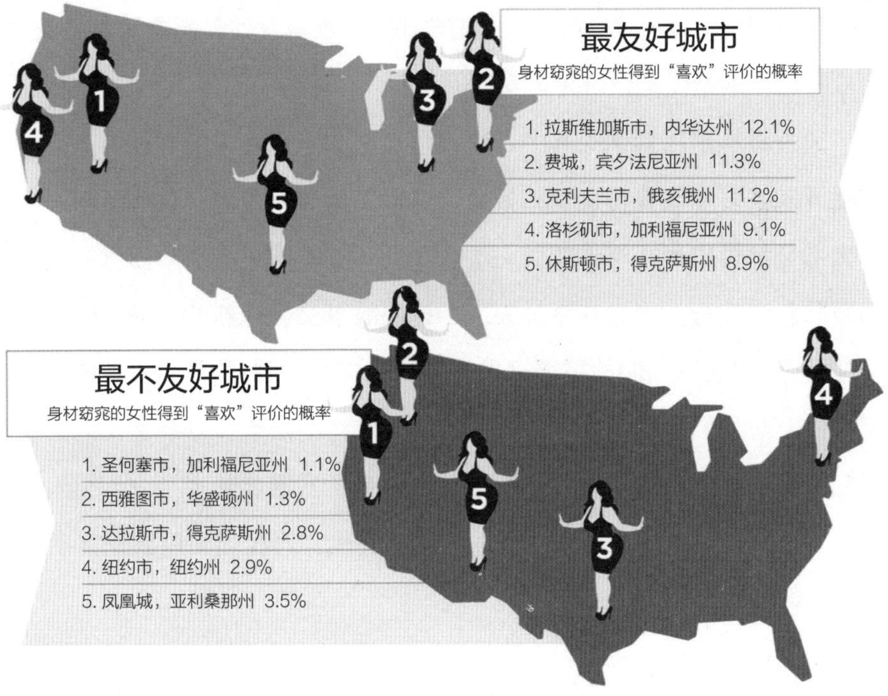


### 种族偏好

OkCupid（一家国际在线社交、交友及社交网站，总部位于美国，2011年被Match.com收购）发表过一个有关在线社交中种族因素的新闻故事，十分有趣。虽然很有争议，但是我们也想试一试。距离OkCupid发表这篇报道已经过去好几年了，我们想，是不是可以用我们强有力的数据对这个故事做一个更新，同时从一个更加细致的角度来做这个新闻，特别是，我们可以把用户按性别分类，对每个种族的用户得到“喜欢”和“不喜欢”评价的数字进行量化。

后来，这则故事成了头版新闻，最主要是因为我们对数据进行了简单而有趣的呈现。调查发现，除了亚洲男性，亚裔女性是所有男性的最爱，而亚裔男性的最爱是西班牙裔女性。

通过将性别因素纳入其中，这篇报道引起了所有人的兴趣，从而快速传播开来，多家电视台也争相报道。这段经历告诉我们，这些新闻故事中的大部分都可以每几年重新做一次。我们不必重新想一个新创意，只需用旧瓶装新酒就行，因为几年过去后，这些故事又会像新的一样，吸引人们的注意力。在OkCupid的报道过去3年之后，我们面对的是新一批的在线社交群体。对他们来说，这可是第一次读到这样的故事。以下是我们的一些引起了媒体狂热报道的有趣发现（我们给每条发现都加上了一个让人容易记住的标题），主要是因为它们的内在争议性，而我们又用数据证明或打破了人们的先入之见：

- 亚裔女性是除了亚裔男性之外所有男性的最爱；亚裔男性的最爱是西班牙裔女性。
- 亚裔女性、西班牙裔女性和白人女性最爱白人男性；而白人男性几乎会回应除了白人女性之外各个种族的女性。
- 白人女性回应白人男性的概率是回应非洲裔美国男性的两倍。
- 非洲裔美国女性在网上回应男性的概率比其他任何一个种族的女性

都高出34%；亚裔女性最不愿意在网上回应男性。

在这篇报道获得成功后，我们又想把单独的新闻故事整合起来，例如，种族偏好加上身材类型。于是，我们特别分析了不同种族的人对自称“身材窈窕”的女性的反应。于是，这两个单项故事又重新回到了人们的视线，被媒体继续报道了一阵子。以下是我们的一些调查结果，很有趣：

- 亚裔男性最有可能对身材窈窕的女性给出“喜欢”评价，概率为15%。
- 白人男性最不可能“喜欢”身材窈窕的女性。
- 亚裔男性“喜欢”身材窈窕女性的概率比白人男性高出了85%。
- 非洲裔美国男性“喜欢”身材窈窕女性的概率比白人男性高出了52%。
- 西班牙裔男性“喜欢”身材窈窕女性的概率比白人男性高出了28%。
- 各个种族的男性都更喜欢苗条或健美的女性。

# **爆炸式增长小贴士62：**你有没有把你行业中有趣的、禁忌的或有争议的话题都列出来？你有没有计划通过数据来证明这些话题的真假？如果你能在一篇新闻稿中突出这些有争议的数据，那么这篇报道一定会成为一个爆炸性的故事。

### “十大”排行榜的魅力

我们用数据讲故事之所以能够大获成功还有另一个秘诀，那就是将故事标题以排行榜的形式呈现出来，例如“前五名”“十大”等。不妨看一看我们写过的这些新闻标题：

- 对四十岁以上单身人士最友好和最不友好的十大城市
- 女性寻找轻松男女关系的最理想城市前五名
- 男性寻找认真恋爱关系的最理想城市前五名

## 女人想找轻松的男女关系<br>男人想找另一半

FirstMet收集并分析了160万个对于这一问题的问答："你想要寻找一段认真的恋爱关系还是一段轻松的男女关系？"他们得出了一些关于美国单身人士的有趣结论。我们总以为，女人想要的是承诺，而男人偏偏不想被婚姻束缚。根据他们给出的数据，情况可能并非如此。

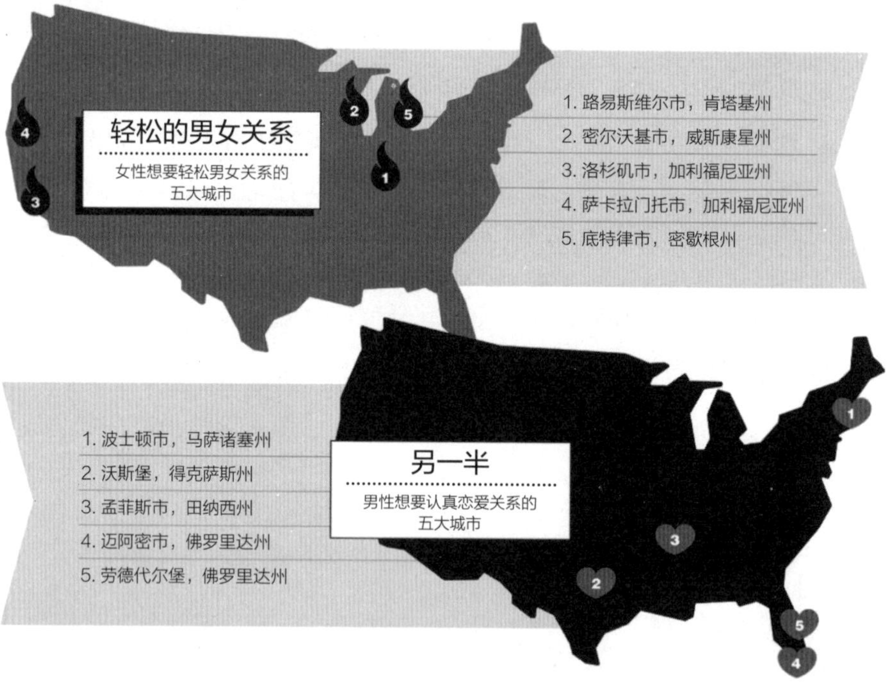

通过这样细致的数据分析，我们把信息以直观有趣的形式呈现了出来，从而吸引了读者的注意力。很多公司抓破脑袋都想不出一篇火爆的新闻稿，而我们似乎已经掌握了诀窍。对我们来说，需要操心的从来不是一篇故事会不会红，而是我们想让下一篇故事在什么时候红。

# **爆炸式增长小贴士63：**在公司安排一次头脑风暴，大家齐心协力想出一个关于你行业或产品的十大排行榜。

## 新闻劫持的持续效应

新闻劫持是找一条热点新闻，然后把你的公司植入进去，这样，你的公司就能得到大规模的媒体报道，同时提高自己在社交媒体上的热度。我们之前劫持的杜克大学篮球队和大明星布兰妮·斯皮尔斯的两个新闻就是成功案例。这两个都是当时的热门新闻，而我们在其中加入了自己的角度便得到了新闻媒体的广泛报道。

新闻劫持的魅力在于，被劫持的新闻本身就是热门话题（这意味着新闻结束之后还有很多后续故事），而且想一个合适的角度加进去也很简单。我们也没有必要写一个完整的新闻稿，只需要把特定的角度和数据提供给新闻作者就行。我们这样的初创公司还有一个优势，那就是新闻劫持最讲究速度，而大公司在这一点上无法与我们竞争。鉴于上述原因，我们只需在新闻劫持上花上一丁点儿时间就能收获大大的回报。

新闻劫持的另一个好处是，有些话题本身具有重复性，例如总统大选、恶劣天气这些每过一段时间就一定会重复出现的事件。对此，我们应时刻做好准备迎接这些事件的发生。像暴风雪这样的恶劣天气就是一个会定期出现的热门话题，我们可以随时拿来做新闻劫持。因此，当天气预报说将要有暴风雪天气时，我们就立刻将相关数据提供给新闻记者，告诉人们，当暴风雪天气来临时，用户们就会在社交网站上扎堆，似乎是想在寒冷天气中找人“抱团取暖”。我们的数据显示，上一年暴风雪来临时，我们网站上的聊天活动增加了340%。通过这种方式，我们便将自己植入到了至少每年一次的全国热点天气事件中。

# **爆炸式增长小贴士64：**你能找到一些可以将自己公司植入进去的热点新闻吗？你有没有积极地向新闻作者提供你的新鲜视角或最新数据？

# **爆炸式增长小贴士65：**看一看有哪些即将举办的演唱会、节日、体育赛事、大会、年度庆典、交易会等，从中寻找新闻劫持的机会。你有没有至少找出3个接下来可以劫持的机会？

# **爆炸式增长小贴士66：**速度是关键，大公司可比不上我们。你有没有联系过一些重要的新闻作者，告诉他们你可以在非常紧的时间内提供他们所需的任何数据和调查结果？

第十章

# Tinder 的制胜秘诀

在第一次听说Tinder这款软件时，我就知道它一定会成功。为什么我会如此确信？因为他们找到了任何一款产品（特别是一家在线社交网站）梦寐以求的圣杯——通过大规模的口口相传实现增长。这样的增长几乎没有成本，此外，与成本昂贵的广告宣传相比，用户更愿意接受朋友给他们推荐的产品。例如，我便听说过有一家公司在某个春假期间花了5万美元做广告，安排了直升飞机和比基尼女郎散发宣传单，但是花了这么多钱，却一点效果都没有。真是出洋相！

## “玩Tinder”

有一天晚上，我去了曼哈顿的一家酒吧，那是我第一次发现Tinder无可辩驳的天才之处。在酒吧里，我看到五六名二十几岁的女性在玩着手机，她们看上去很开心。从她们的一些反应和交谈的只言片语中，我判断出她们可能在使用一款社交软件。于是，我就走上前去，看看她们在使用哪款社交软件。

我说道：“你们好，介意我问下吗？不知道你们在干嘛，看上去很有意思啊。”

一位女孩说道：“我们在玩一个新游戏，叫Tinder。”

这款软件带给我的不只是一时好奇，还引起了我更深层次的思考。于是，为了更多地了解这个新“游戏”，我便与她们热烈地交流了起来。

她们告诉我，这款软件会向用户显示不同男人的照片，每次显示一张。如果用户喜欢照片上的男人，就在屏幕上向右滑。如果用户不喜欢照片上的男人，则在屏幕上向左滑。她们的解释没能让我完全理解这样做的目的。所以，我继续向她们请教：既然是游戏，那怎样才能赢呢？

她们继续耐心地解释道：“并不是真的要你赢。但是如果你喜欢的那个人也喜欢你，那你们就是匹配的。一旦匹配，你们就能互相发消息、见面啦。”

我下了一个结论：“其实，这就是一款社交软件嘛！”

她们立刻辩解道，这绝对不是一个社交软件。显然，她们更倾向于认为自己在“玩游戏”，而不是“网上社交”。

接着，我们开始了好几个回合的交锋，争论的主题是——Tinder究竟是一家社交网站、一款游戏还是一个提供单身男人的在线零售店？虽然有些奇怪，但我们争论得不亦乐乎。最终，一位女孩真的生气了，大声争辩道：“不！我们不是在网上社交！这就像我们买东西一样，只不过我们买的是男人，懂了吗？”就在这时，我意识到——Tinder将改变在线社交行业的全部格局。他们掌握了成功的秘诀。

## Tinder是如何做到的

此刻，Tinder刚问世不久，还不是一个人尽皆知的名字，但是我刚一接触，就不由得感叹了一声：“哇哦！”我知道，我得仔细调查一番，了解一下Tinder究竟是怎么回事儿。正如我在前文中所述，当时涌现了很多社交网站，每个人都提醒我要注意。但事实证明，没有一家网站值得花心思，因为它们的存活期都只有一年左右而已。但是终于，Tinder出现了，它成功地吸引了我关注的目光。

### 网上社交不再难以启齿

当时，网上社交就像人们心中的秘密或禁忌，让人难以启齿。而Tinder则掌握了打破这个秘密和禁忌的秘诀。单身人士依然不愿意告诉朋友他们在使用在线社交软件，而我在酒吧遇见的那几位可爱女生丝毫不觉得Tinder与网上社交有什么关系。她们认为自己在玩游戏，就像逛街买东西一样，根本没有将Tinder与网上社交给人的负面印象联系起来。与朋友谈论Tinder或几个人一起“玩Tinder”是一件有趣的事情，一点也不尴尬。那天晚上之后，我每次出来都会更加注意观察周围，并且我看到有越来越多的女性聚在一起“玩Tinder”。我意识到，我们算是遇上大麻烦了。

我立刻召集即刻互动的所有人员开会，告诉大家：“现在有一款新的社交应用软件，叫做Tinder，它很快就要成为世界上最大的社交应用。我们必须要搞清楚它是怎么回事。”这让我意识到了另一件事——要想理解Tinder的力量，我们最终还是需要打造一款有着类似功能的应用。虽然我很想把Tinder的功能融合到AYI中去，但是我很快就想起了之前的教训——

改变我们产品在用户眼中的品牌形象是几乎不可能的，我们必须打造出一款全新的产品。但在这之前，我们必须弄明白，为什么Tinder仅凭口碑就能实现如此规模的增长。

Tinder除了拥有独特的功能，它的用户界面也设计得很好。我们产品的用户界面已经算很好了，用户只需点击几下就可以上传自己的脸书档案同时完成注册。但是，在Tinder上，用户只要轻轻点击一下就能找到附近的帅哥美女。你喜欢这个人吗，“是”还是“不是”？搞定！虽然这不符合我们在前文提到的“10倍效应”，但是这至少比我们产品的用户体验好了5倍，从各方面来说都是很大的改进。但是，仅靠改进并不足以让人耳目一新，Tinder之所以能改变在线社交行业的游戏规则还有另外的原因。

在网上社交的世界里——更确切地说——在社交的世界里，男生其实根本不重要。女生在哪里，男生就会在哪里出现。但是，女生们都希望有一个美妙的社交体验。不幸的是，网上社交——更确切地说——社交对女生来说常常是一个血腥的过程，特别是在网络世界里。女生们常常被一些不想看到的消息狂轰乱炸，而她们根本不想理睬发送这些消息的男人。还记得前面说到的“紫色奶牛”吗？如果有一款应用可以帮助女性过滤掉那些与她们并不匹配的人发来的消息，那么我们看到的就是一头“紫色奶牛”。而Tinder完全帮助女性解决了在线社交中遇到的大麻烦，因为在Tinder上，如果两位用户没有匹配，那么这两人之间根本无法发送消息。

对于在线社交行业来说，这是一个颠覆性的概念。因为之前的所有网站都只有一个目标，那就是帮助用户收到尽可能多的消息。我们的90天冲刺就是其中一个例子。为了提高盈利，我们致力于帮助用户收到更多回复消息，但这在无意中造成了女性用户收到了大量她们不想看到的弹出消息，让她们不堪其扰。

对于有魅力的女性来说，她们特别不想看到讨厌的男士发来的消息。也许，这些女性在输入搜索范围时明确表示她们只对6英尺（约1.83米）以上身高、有着职业运动员般的身材、收入在7位数以上的男士感兴趣，但是她们依旧还是会收到失业的、五短身材的、发际线失守的、住在祖母家地下室的穷汉子漫天发来的消息。通过过滤掉多余消息，Tinder的功能比市场上的同类产品好了不止10倍——他们真的掌握了秘诀。在Tinder上，每当一位女性收到消息时，她都知道这条消息一定来自某个她心仪的人，这是多么美妙的体验！

AYI在改进传统社交网站的用户体验方面做出了很好的成绩，让人们不用再等好几天或几个星期才能约一次会。但是，Tinder在这方面同样交出了优秀的案卷。还记得吗？脸书使用数码相机等辅助技术优化了用户体验，而Tinder依靠的是GPS定位功能。

用户在"玩Tinder"时，应用软件会利用用户手机上的GPS功能找到离他们最近的潜在匹配对象并在手机屏幕上显示这些潜在匹配对象的个人档案。如果一名用户喜欢屏幕上显示的某个人，而这个人也喜欢这名用户，那么只要他们离得不远，几分钟就能见上面。在这方面，Tinder做得也比其他软件好了10倍。

我和几位朋友——男性、女性都有——一起做了一个实验，我们想知道在快速见面社交方面，Tinder是不是真的比其他社交网站好了10倍。毕竟，对于社交网站的用户来说，他们的首要目标就是找一个社交对象。我让我的朋友们尝试使用各种社交软件，看看每一款软件可以在多长时间内给他们找到一个社交对象。毫无例外，所有人都告诉了我同样的答案：

Tinder是最快让他们见到社交对象的软件。而且在使用Tinder时，他们中的大多数人在两小时内就与社交对象见了面，而使用其他社交网站时，则需要两天或更长的时间。换言之，Tinder帮助用户实现首要目标——找对象——的速度真的是其他社交网站的10倍。Tinder，让在线社交变得轻松如游戏。

# **爆炸式增长小贴士67：**你产品的核心竞争力比竞争对手好多少？能比竞争对手好10倍吗？

## 改进号召性用语（CTA）

号召性用语（Call-To-Action，CTA），其实是在广告和营销中广泛使用的营销术语，在这里指网页上出现的语言提示，号召用户立刻采取某种购买或使用行为，例如注册会员、立刻购买、试用产品等，一般是以按钮的方式出现，用户只需点击即可。

显然，Tinder的创始人十分清楚人们对在线社交讳莫如深的心理。他们知道，必须要消除当时社交网站上的CTA按钮带给人们的耻辱感，因为这些CTA按钮上一般都写着“浏览更多单身人士！”之类的话。那天我在酒吧碰到的一群女生之所以说她们在“玩Tinder”，可能很大程度上是因为Tinder的CTA按钮上写着“继续游戏？”正是对语言的精妙使用，用户才感觉自己是在玩游戏，而不是在网上找对象。

我可以预见，各种了不起的功能加上火箭式增长会将Tinder带到一个AYI从未到达的高度。对我来说，这真是一件十分沮丧的事情，但是我毕竟无能为力。正如我之前所说，留下第一印象的机会只有一次。

在大多数用户心中，AYI已经没有可以改进的空间了。事实上，当时它的用户界面已经与Tinder没什么两样。作为第一家使用左右滑动技术、引入共同好友和共同兴趣功能的应用，Tinder（和Hinge一起）一举成名。但实际上，我们好几年前就已经实现了这些功能。另外一个问题是，我们是一家付费软件，这让我们无法吸引大学生群体以及年轻目标用户，而Tinder的巨大成功正是依靠了大学生和年轻用户——他们是帮助Tinder建立口碑、实现增长的生力军。

## 第十一章

# 创新陷入困境

在吸收了Tinder的成功经验之后，我便十分清楚，我需要让即刻互动重新成为创新的引领者而不是跟随者。正如我的挚友安德鲁·韦恩莱克对我的忠告，如果一款快速增长的新产品是建立在颠覆性科技之上（Tinder利用GPS技术展示用户附近的潜在匹配对象），那么人们往往会低估老牌行业领袖的衰败速度（想一想脸书出现后的Friendster和Myspace）。我自己深有体会。当AYI在脸书上发布时，我们便对Hot or Not以及其他几家行业领袖的流量造成了很大打击。我十分担心，Tinder的出现已经将我们逼上了衰败之路。但是，即使我们能预见Tinder的快速崛起，我们又能做什么呢？

和往常一样，面对这种商业危机时，我的第一反应便是——读书。正是通过阅读，我找到了解决问题的灵感。某个闲适的周末，我读到了克雷顿·M. 克里斯滕森（Clayton M. Christensen）写的《创新者的困境：当新技术的崛起造成伟大公司的衰落》一书。这本书对成熟的大公司应如何保持生命力、持续创新给出了最权威的意见。

读完这本书后，我恨不得自己可以早几年读到它。我们经历过的很多问题开始变得豁然开朗。让核心产品和新产品共享资金、人手甚至办公室等资源只会阻碍新产品的开发进度。以下是我们最初开发新产品时遭遇失败的几大原因：

- **核心产品需要不断关注。**如果核心产品在下滑，就像AYI的情况一样，我们就要不断地为它灭“火”。因此，在赚钱工具（也就是核心产品）和新产品分享公司资源的情况下，我们所有的时间和精力都要回到核心产品身上，去给它灭火。新产品离创造收益还有一段时间，只要给公司赚钱的核心产品遭遇问题，我们都不可能把人员全集中在新产品上。

- **关键性绩效指标打击员工士气。**研发团队取得的巨大成功对于公司里的其他人来说可能没那么重要 。

- **最有才华的员工应该用来抓住最大的机遇，而不是解决最大的问题。**当时，核心产品创造了公司100%的盈利但却在严重下滑，因此，我们没有理由让最好的员工从核心产品上抽离。然而，如果我们不这么做，那么新产品的创新将永远无法取得成功。

- **人才总是被新的挑战吸引，首席执行官的工作就是让他们永远对新的挑战如饥似渴。**为AYI止血、为公司再挤出3–5个百分点的利润，这些都是我感兴趣的事情，因为这意味着公司利润会增长约100万美元。但是才华横溢的工程师们却不这么想，他们追求的是职业挑战而不是公司的财务收入。要记住，金钱使唤不了大多数有才能的人，特别是工程师和产品经理。如果一直让他们开发一些小创意，那么他们终究会失去兴趣和动力。如果让工程师们总是去测试不同CTA按钮颜色的效果，他们一定会觉得无聊，毕竟，能测试的颜色就那么几种。

\# **爆炸式增长小贴士68**：你有没有让公司里最有才华的人专攻最大的机遇而不是最大的问题？

**新产品必须有单独的资金来源。**随着我们的核心业务不断衰退，新产品能用的资金也越来越少。最大的原因是，每增加一笔投资，核心产品就会立刻产生明显的投资回报，而对于新产品来说，一切都是未知数，根本无法计算其投资回报率。但是，大家都知道一点，那就是对新产品每增加一笔投资，公司的资金消耗率就越高，资金压力也就越高。很多人几乎无法理解（也不能怪他们），为什么我们一边裁员，一边还把钱花在短期内看不到任何实质回报的实验性项目上。为了应对这一问题，最好的方法是为新产品设立一个单独的银行账户，专款专用。这样，即使今后公司不得不削减对新产品的投资，那么实施起来难度也会大大增加，因为新产品的资金全都被藏在了一个独立账户中。

\# **爆炸式增长小贴士69**：在打造新产品时，为新产品设立一个单独账户，里面的资金只能为新产品所用。你有没有为不同的产品设立不同的银行账户？

克里斯滕森在书中使用了大量案例讲述了一些公司应如何克服上述以及其他关键性问题。这本书告诉我，我只有在自己的公司中重新成立一家初创企业才能解决我们的问题、打造出有创意的新产品。我需要专门的员工并为他们制定专门的预算、专门的关键性绩效指标，让他们全心全意开发新产品。我还要让最好的员工能集中精力开发最大的机遇，而不是去解决最大的问题。这将是一个不小的挑战，因为最大的机遇同时也意味着它短期内不会产生任何收益。

## 创业2.0

那个周末结束后的星期一早晨，我一到公司便立刻召集大家开会。大部分员工都知道，我这么做一定是因为周末又看了什么书。在会上，我向大家解释，为什么我们要重新开始而且需要一个专门的团队开发新产品。一开始，他们有些难以接受，但是也理解其中的原因。最后，他们都同意了，这意味着我可以把精力再次放在创新上了。同时，作为首席执行官，我也终于有了充分的理由不用天天想着怎样可以榨出AYI的每一滴收益来给自己的创业精神打气。

我充满创意的心中又燃起了熊熊的创新之火。我先是找到亚历山大·哈灵顿（我当时的首席运营官），希望他能够接过首席执行官一职。我想把百分之百的精力都放在开发新产品上，而且我知道，要想新产品取得成功，我必须不能分散注意力。同时，我还决定给自己减薪一半，把多出来的钱用在新产品上。很幸运，他答应了。他不仅是一位极有才华的高管，之前也有过管理另外一家社交网站MeetMoi（已被Match.com收购）的丰富经验。

事实又一次证明，优秀的人才是公司的宝贵财富。表面上，公司发生了一个重大调整。但实际上，我们实现了无缝对接，因为我们充分利用了手边这位业已熟悉首席执行官各项工作特别是深谙即刻互动内部运作的现成人才。同时，我的离开也向公司上下传递了一个信息，那就是，开发新产品是公司当前最重要的工作。

## 打造有黏性的用户体验

为了了解这些新的滑动应用到底有什么魅力，我们效仿Tinder的简便操作和用户体验，打造了一个新的应用，叫做“Mutually”。讽刺的是，Mutually本质上就是旧版AYI——免费时期的AYI——的复制品，我们只是稍微对它做了一些修改。

很快，各方面的数据证实了我们长久以来的怀疑。在Mutually上，女性的用户体验发生了翻天覆地的变化，例如，当某位女性用户想找肖似德瑞克·杰特（美国前职业棒球运动员、商人，迈阿密马林队首席执行官）的男人时，给她发消息的再也不会是那些长得像她好朋友的怪表哥德瑞克的男人了。用户保留率也很喜人，但是当时的Tinder实在太火了，我们知道，要真脱颖而出，我们还缺少一头“紫色奶牛”。

### 对用户体验做数据调查

正在我们想要通过新产品浴火重生时，我的一些女性朋友告诉我，她们在使用这些最新流行的移动社交软件时常常会收到一些不堪入目的图片和消息。她们中有三位曾经不幸收到过臭名昭著的不雅照片。当然，伴随这些图片的还有一些同样粗俗不堪的文字内容。大部分情况下，男人在与女性沟通时往往感觉不到羞耻，不知道哪些行为能被接受、哪些是自己不切实际的妄想。

除了这些淫秽照片之外，我们还了解到另外一个情况，那就是，当在线社交变成指尖上的游戏后，用户们总想看一看自己到底可以得到多少匹配对象。这基本上意味着男人在看到每个女生的照片时都会给出“喜欢”评价，也就是向右滑动（事实上，将近50%的男人的确会每看到一个女生的照片就向右滑动）。为了赢得这场“游戏”，男人们会发送一些极具挑逗意味的图片，希望能从竞争对手中“脱颖而出”，得到女生的回复。不幸的是，这种战略虽然让男人们获得了更多回复，但是这些回复大部分都不带有一丝好感。因此，虽然这批新的滑动软件能为女性提供最好的用户体验，但是用户体验恶化的情况也依然时有发生。

为了给女性用户提供更好、更安全、更文明的在线社交体验，我们开展了一项调查，看一看到底有多少女性面临这方面的烦恼。结果显示，移动社交软件的女性用户中有90%表示曾经收到过一点也不好笑但绝对下流恶心的不雅照片或其他类似的消息。没想到这一现象如此普遍，我们着实大吃一惊。

通过这项调查，我们又一次启动了公司的头脑风暴程序。首先，我们已经推出了新的滑动软件，而且新软件在各方面的数据都十分喜人。其次，90%的女性用户都渴望有人能赶走她们的网上社交噩梦。

问题是：“我们应该如何利用好这一信息？”很快，我们就找到了答案。我们得找一个办法，让用户（尤其是男性）对自己的在线社交行为负责。我们要驱除网上社交空间中的讨厌鬼，拿出解决方案，为用户创造一个安全的、互相尊重的在线社交体验，并且让用户知道他们要为自己的“不达标”行为负责。我们相信，这就是我们的“紫色奶牛”，它一定会给女性创造非凡的用户体验。而且，根据我们的经验，在网上社交的世界里，只有女性用户才是重要的。

## 钱的困扰

很不幸，当我们获得这一重大发现时，公司陷入了股市暴跌之中。Tinder毫无疑问还是十分火爆，而我们公司的各项数字却依然在下滑。显然，要想新产品成功落地、老产品获得生存，我们必须要去募集更多资本。

新产品进展十分顺利，而且我们的数据分析依然被视为业内的黄金标准。然而，公司盈利的下滑是不争的事实——导致公司股票也跟着下跌。因此，要找到条件令人满意的新投资十分困难。最后，我们筹集了300万美元的可转换债券，但是投资方给我们的条款中包含了大量苛刻的限制条件。

其中一个条款是这样的：如果我们银行账户中的现金少于一定水平，那我们必须提前偿还债务。因此，虽然我们募集到了更多钱，但是如果没有重大处罚，我们真的无法动用其中的大部分。这种规定和压力极大地阻碍了我们对新产品的投资，也让我们无法抛开新产品的短期盈利去优先考虑其长期增长。

投资方向我们保证，他们支持我们的长期增长目标，而且只要公司的各项数字向好，他们就将重新考虑那些限制性条款。虽然有他们的口头支持和鼓励，但为了让他们放宽这些限制，我们之间还是开展了大量谈判。不幸的是，大多数谈判都是无果而终，最终我们只能被他们困住，没有任何其他融资选择。

\# **爆炸式增长小贴士70：**要确保每一家潜在投资方都符合公司的战略和愿景。找到他们之前投资失败的公司，看一看当这些公司陷入困境时，这些投资方是如何表现的。

\# **爆炸式增长小贴士71：**提高公司债务可能十分危险。如果可以的话，尽量避免这么做。

不管怎样，尽管公司被这些限制性条件牢牢束缚，我们推动新产品业务的脚步并没有停止。一个绝妙的想法正在酝酿之中，一个能够为女性解决网上社交噩梦的新产品即将问世。一家公司拥有两头“紫色奶牛”的情况可真不多见。

# 第十二章
# 打造 The Grade

创业是指成功地解决问题。而解决问题是指倾听。

——理查德·布兰森（Richard Branson），成功企业家、投资人、慈善家，
英国维珍集团（Virgin Group）创始人

为了让女性获得绝佳的在线社交体验、净化在线社交环境，我们逐渐对The Grade有了概念。The Grade是一个高品质单身人群的社区，他们不仅富有魅力而且善于表达、尊重他人。

通过创建算法，我们可以根据几项因素对用户进行评分，包括他们所发消息的质量和内容。像不雅照片那样的禁忌内容或任何含有不正当性暗示的消息都会严重影响用户的得分。我们发现，错误的语法、拼写错误都

会给女性留下不好的印象。因此，我们把这些方面也做成了扣分项。

如果你的得分在所有用户中位于垫底的10%，那么你的得分便为“F”。当然，我们会给你一个短暂的考察期。如果在考察期内，你的行为没有得到改进，那么你就会被我们网站永久地“驱逐出境”。通过建立这一评分系统，The Grade成了第一家能够让用户真正对其行为负责的在线社交网站。

# **爆炸式增长小贴士72：**集中精力为既有问题寻找解决方案，而不是开发新产品或新功能。

一经发布，The Grade便如刚发射的火箭般一飞冲天。主流媒体刊登了几十篇文章对它进行报道，这些媒体包括包括《华尔街日报》、Buzzfeed（美国一家互联网媒体和新闻公司，总部位于纽约）、ABC新闻台、《今日美国》《时代周刊》《纽约邮报》、Refinery29（美国一家主要面向年轻女性的数字媒体和娱乐公司）以及*Cosmopolitan*和*Vogue*（诞生于美国的时尚杂志）等。媒体的造势也帮助The Grade迅速打响了知名度。

我们先前学到的所有经验，包括创造产品的独特卖点、充分利用好数据以及制造争议性话题等，为我们服务女性目标用户提供了极为宝贵的参考。我们继续利用大数据讲故事，极大地促进了The Grade的普及，而且每个故事都被广为传播。

## 媒体页很重要

The Grade刚刚发布，我们就认识到了媒体的重要性。因此，我们在网站上创建了一个强大的媒体页，上面包含了以下关键要素：

- 下载软件的快速链接
- 介绍产品独特性的产品信息
- 关于网站使用情况的惊人数据
- 创始人的故事
- 关于产品诞生的趣闻
- 产品的高清屏幕截图
- 介绍产品使用的视频
- 有趣的常见问题回答
- 社会影响力（主流媒体报道引用）
- 联系我们的简单方法

千万不能让媒体页死水一潭或枯燥无味，这一点十分重要。因此，我们频繁更新媒体页。每当我们在社交媒体上制造了轰动时，就会把相关链接增加到媒体页的底部，作为我们社会影响力的证明。

# **爆炸式增长小贴士73：**你有没有把所有的媒体和产品信息（如上所列）放在一张网页上，便于媒体能够随时轻松访问？

## 机会总是给有准备的人

运气是被有准备的人制造出来的。

——詹姆斯·阿尔图切，美国企业家、畅销书作家

有一次，一家大电视台的新闻节目给我们打来电话，他们想在当晚夜间黄金时段的新闻节目中提及The Grade——为此，他们需要一些产品信息和数据，并且几小时内就要拿到。我让他们去看我们网站的媒体页，上面有屏幕截图、产品背景、视频介绍等，他们想了解的任何内容都能在媒体页上找到。于是他们在夜间新闻大大增加了对The Grade的报道篇幅，让我们在纽约市一下增加了几千名用户。

仅仅通过让媒体更轻松地从我们这儿获取他们想了解的信息，包括产品的高清图像、视频剪辑等，我们就得到了更多的宣传机会。媒体的工作节奏一向很紧迫，而我们却能够很快向他们提供需要的关键信息和报道素材，这样他们就能够轻松而有效地对我们公司进行报道了。

还有几次，媒体与我们联系，想采访我们产品的用户。我们吃过几次苦，知道在短时间内找到愿意为我们产品“代言”的用户几乎是不可能的。为了阻止这样的遗憾再次发生，我们提前策划，储备了几位愿意随时与媒体沟通的“用户”（有些不一定是我的朋友）。结果，因为我们做好了准备，为媒体提供了极大便利，于是“幸运地”得到媒体的多次报道。

# **爆炸式增长小贴士74：**你有没有安排几位随时待命的、愿意为你的产品在媒体面前说好话的“友好用户”？

## 与新闻写手打成一片

在发布The Grade之前，我们还认识到另外一件事，那就是一定要与新闻写手打成一片。媒体人员和大家一样，喜欢捡自己熟悉的事情做。因为没有找到一批能随时为我们产品、功能或业务进展鼓吹的专业写手，我们曾经失去了很多宣传AYI的机会。有了这一教训，我们专门给The Grade划拨了一笔经费，用来与主要的几位新闻写手定期见面交流，与他们分享我们的产品愿景。这一策略给我们带来了很好的回报，每当我们产品有更新，他们就会在第一时间进行铺天盖地的报道，因为他们对我们的团队和产品已经十分熟悉了。

# **爆炸式增长小贴士75：**在办公室与主要的新闻写手和博客博主见面。同时，安排交际能力最强的员工与他们交流，向他们介绍公司目前的工作。你有没有亲自与主要的几位新闻写手见过面？

## 公关的价值

利用大数据讲故事、与新闻写手打成一片、在网站上设置强大的媒体页，这些都是我们在发布和发展新产品过程中一个重要环节的一部分。这个重要环节便是公关。我们有一支非常优秀的公关团队，负责人是SpecOps Communications公关公司的亚当·汉德尔斯曼（Adam Handelsman）。他对我们行业了如指掌，而且熟悉媒体圈的游戏规则。

一个周末，我正在佛罗里达迈阿密南海滩晒着太阳，享受着人生，忽然接到公司一位公关人员打来的电话。他说福克斯新闻台想让我几小时后在一个电视直播节目中出镜。这真是一个绝佳的好机会，但是我身在南海滩，远在数千英里之外的我根本来不及赶过去接受这次采访。他们建议我用Skype（一款即时通讯应用软件）接受采访，但因为种种原因，这种办法也行不通。这时，一个优秀的公关团队的价值就显现出来了。他们说服了福克斯新闻台另行安排采访时间，说："如果可以把采访的时间改到周日晚上，那我们就能做更充分的准备，而且可以在采访中介绍一些更新、更有说服力的信息。"电视台一听，立刻表示："这主意不错。就这么办吧！"

在我们的公关机器马力全开的情况下，The Grade的发布获得了巨大成功。我们只需保持好这股积极的势头，让产品茁壮成长就行。

## 清除变态

在The Grade发布之前，我们的目标便是有朝一日能与Tinder相提并论。我们做到了。我总会留意有多少文章在讨论Tinder时会提到我们，从而了解我们的进展。大量媒体将我们的模式称为"清除变态"模式，认为这是Tinder没有做到的地方。*Cosmopolitan*和*Vogue*等杂志十分喜爱这个概念，专门在杂志中进行了介绍。正是我们的独特卖点和"紫色奶牛"牢牢抓住了一个社交网站最重要的目标用户（也就是女性）的心。正如我在前文中所说，她们是真正重要的用户。

一方面认识到女性用户的重要性，另一方面为她们提供安全的在线社交环境，于是，我们便顺理成章地吸引到了大量的女性用户。接着，我们进一步丰富了产品概念，增加了"用户互评"功能。通过这一功能，用户可以根据互动情况对其他用户给出好评或差评。

我们也考虑到，一场糟糕的社交、带着报复心理的前任可能会让用户故意给出恶意差评。为了避免这种情况的发生，我们采用了一个基于用户关系（例如脸书好友、互相发送消息的次数等）的加权系统。为防止用户成为恶意攻击的对象，为数不多的几个差评并不会对用户的得分产生影响。相反，如果一名用户收到了大量差评，那他的得分就会被严重拉低。

这样，我们对用户的评分由三部分构成——用户档案、消息内容和用户互评，而每位用户的得分都用传统大写字母A到F体现。

The Grade的各项指标都十分乐观——我们从未见过任何一家其他网站有这样货真价实的独特卖点、漂亮的净推荐值和超高的用户保留率，包括鼎盛时期的AYI。但是，我们的团队人数太少，又要与Tinder这样的知名网站以及其他快速增长的对手（Bumble）竞争。无论是Tinder还是Bumble，他们的背后都有着丰富的资源，并且可以把所有资源都集中在一件产品上。我们需要壮大团队，对产品继续投资，但是又不得不扶持AYI。AYI已经成了公司的一个沉重负担。

## 既相互独立又相互平等

此时的AYI就像战场上的伤员，被The Grade拖拽着慢慢前行，在资金上，我们只能勉强维持生计。但是，为AYI做营销能够很快产生收益，而为The Grade做营销只能让更多的人去安装和使用Instagram（脸书公司旗下的照片分享和视频分享社交应用）。同时，我也不想重蹈当年AYI的覆辙——例如，过早地对产品收费，特别是我们的竞争对手依然在向用户免费提供产品。

因为之前与投资方达成了债务协议，我们不能过多使用银行账户中的资金，因此，我们便无法给The Grade增加预算。否则，一旦我们银行账户的余额越过最低限，我们就要被迫提前偿还债务，这会让我们的资金消耗得更快——这就是一条死路。

于是，我们找到私人投资者，想获得他们的投资。很不幸，他们给我们的答复都一样："如果The Grade是一个单独公司，我们会非常乐意对它投资，毕竟它的用户增长速度和用户保留率都十分可观。但是，它现在与AYI捆绑在一起，而且你们公司也已经上市了，很抱歉我们无法找到给它投资的理由。"另一方面，上市公司投资者只关心公司收益有没有增长，而我们距离向用户收费还为时过早，所以他们也没有兴趣对我们投资，毕竟他们只能看到由于AYI的拖累，我们公司的收益在不断下滑。

这是我最懊恼沮丧的经历之一——我们的新产品就是一座大金矿，它的各项指标都十分出色（内行的风投资本对此都没有异议），但是我们与AYI完全捆绑在一起，在投资人眼里，AYI就像明日黄花般索然无味。

**# 爆炸式增长小贴士76：**企业形态很重要。上市的确给我们带来了一些优势，但最终对我们来说还是弊远远大于利。你的公司是否存在阻碍公司发展的企业形态问题？你有没有在想办法应对这些问题？

The Grade的各项指标远远优于那些拿到过1000万美元、2000万美元投资的初创企业，但是这又有什么用呢？它的光芒完全被其拥有者所掩盖。作为一家上市公司，我们的一举一动都要涉及烦琐的法律流程、股东的问询以及动辄上百万美元的复杂程序。此外，早已忙不过来的高管们还要为这些事务倾注大量的宝贵时间。这才是一切的开始，接着我们还要为融资走一些额外的程序。无论怎么看，这一切都很不合理。

当时，我们公司的全部营销预算加在一起只有500万美元左右，其中，只有约5%被用于The Grade。不幸的是，由于这次融资强加的限制性条款，我们不得不进一步削减这笔费用。

随着预算不断缩水，为了促进增长，我们只能挖空心思做市场营销。其中一个办法就是用大数据制造更多吸引眼球的故事，从而将用户吸引过来。此外，我们还充分利用针对性强的博客和名人来做市场推广。

## 大数据故事2.0

我们的专长是制造有趣、可读性强、可以有效宣传产品的数据。如果把这一专长用在The Grade上，一定能推动其增长，AYI就是很好的先例。事实上，当The Grade开始广泛流行时，我们为它制造的大数据故事要比AYI的任何一条故事都精彩得多。

## 一张好照片可以换来一千次社交

我们认为，有必要继续与大多数肤浅的社交网站划清界限。而我的下一个创意就与用户的照片有关。

我坚信，如果人们的照片可以反映他们的个性，那么即使不是超级模特或专业运动员，他们也能吸引别人的目光。为了证明这一点，我们做了以下两件事情。

首先，对于用户上传的每张照片，我们都通过一个被称为“照片信息”

的功能让用户可以看到每张照片的相关数据。虽然这些数据真实得有些残忍，但还是受到了用户的广泛欢迎，因为我们发现，大多数用户都不知道自己什么样的照片好看，什么样的照片难看，这让我们十分震惊。事后想来，这也没什么好震惊的。

我知道“照片信息”功能一定会大获成功，因为它具备了一个好产品或好功能的必要特征：找到一件人们正在做又做不好的事情，把它变得容易10倍。在我们这个案例中，社交网站的用户总喜欢上传自己的新照片，想知道哪些照片能得到最多的回复。但这很难做到，因为如果没有相关数据佐证，人们很难确切地知道哪些照片效果更好。通过向用户展示每张照片被“喜欢”或被忽略的频率，我们开发出了一个具有“10倍效应”的功能，成功地帮助用户做到了这一点。“照片信息”功能发布以后，我们看到好几家其他社交网站也增添了类似功能。

其次，我们用大数据制造了一个故事。用户发布的照片要能展示出自己的个性，这一点十分重要，而我们对这一重要性进行了量化。我们对成千上万的照片进行了分析，把它们分成了几类（有旅行、运动、演奏乐器、饲养宠物等）。接着，我们将每张照片的受“喜欢”程度与该用户所有照片的平均值进行了对比。最后，我们给这个故事起了一个辛辣的标题：“你的照片反映出了你的什么性格？”

数据向我们显示了很多有趣的事实，这些事实受到了用户的极大喜爱，而我们制造的故事也瞬间传播了开来。在故事中，我们试着证明一个道理，那就是，如果用户愿意花些时间去拍一些能彰显个性的有趣照片，那么他们不需要成为布拉德·皮特（美国男演员，年轻时以英俊帅气著称）或斯嘉丽·约翰逊（美国女演员，被视为好莱坞的性感女神）就能轻松获得更多配对。

有一个照片类别的效果较为两级分化，那就是与狗的合影。如果是一个男人在档案里上传了与狗的合影，那么他就会给人留下有爱心的印象（女性很喜欢这一点），并且得到的"喜欢"评价数量将上升29%。相反，如果一位女性上传了一张与狗的合影到自己的档案里，那么男性用户会认为她不够专注。他们会由此推断——她会永远将这只狗放在第一位，男人在她的生活中只能处于从属地位，她不会给予男人足够的关心，与她几乎没有机会发展更亲密的关系，而且她一定会找一个"合适"的时间结束两人的恋爱关系。看来我们对男同胞的了解还远远不够啊！原来我们中不仅有很多喜欢发不雅照片的怪胎，还有这么多依赖性如此强的婴儿——如果一位女性用户的照片中出现了一只狗，那么她收到的"喜欢"评价数量将会下跌19%。

让我们看一看全部的调查结果：

**一张好照片可以换来一千次社交：你的照片反映出了你的什么性格？**

| 女性 | | 男性 | |
|---|---|---|---|
| 乐器 | +29% | 证件照 | +92% |
| 体育运动 | +21% | 蓄须 | +57% |
| 比基尼 | +8% | 狗 | +29% |
| 正装 | +8% | 旅行 | +23% |
| 戴着帽子 | +5% | 乐器 | +17% |
| 自拍 | +2% | 不笑 | +16% |
| 性感 | +1% | 体育运动 | +13% |

续表

| 女性 | | 男性 | |
|---|---|---|---|
| 证件照 | +1% | 戴墨镜 | +12% |
| 旅行 | +1% | 戴眼镜 | +1% |
| 不看镜头 | 0% | 自拍 | 0% |
| 不笑 | 0% | 喝酒 | -6% |
| 戴墨镜 | 0% | 文身 | -8% |
| 喝酒 | -6% | 上半身无衣 | -15% |
| 集体照 | -13% | 体育馆/运动场 | -16% |
| 戴眼镜 | -14% | 正装 | -21% |
| 狗 | -19% | 不看镜头 | -21% |
| 体育馆/运动场 | -21% | 戴帽子 | -25% |
| 文身 | -35% | 集体照 | -33% |

这项调查拨动了大量用户的心弦。他们总是在不断上传新照片，也很想知道哪些照片会给自己的在线档案加分。很多人认为——不管正确与否——滑动软件让在线社交变成了一场比赛，比赛的目的是选出最性感的那个人。但是我想，我们的这篇故事则让大家看到，有趣的人也能大受欢迎。

男人们总被指责眼光太肤浅，但是我们看到，在女性照片的分类中，最受欢迎的两大类别分别是乐器（这类照片可以让她们收到的“喜欢”评价增加29%）和体育运动（使“喜欢”评价增加21%）。

与人们的普遍印象相反，我想我们在看到女人时想到的不只有性而已。

当然，榜单中排名第三的是女性的比基尼照片（叹气），所以我们也无法为自己辩解更多。不过，前三项中有两项都与性无关，所以这个结果也不是太差，对吗？

## 名字中的大学问：5亿次访问量的大数据故事

我对哪些因素能让一个大数据故事疯狂传播着了迷。很显然，一个成功的故事并不是偶然的，也没有运气成分。我们需要做更多的调查研究，而就在这时，我发现了一本书，乔纳·伯格的名作《传染：流行何以产生》。

这本书通过对无数事例的分析，全面而透彻地解释了为什么有些事情会流行起来，并总结出了它们成功背后的六大原则。这本书对我影响很大——我几乎可以将这六大原则应用到任何事情上，从而制造出一个疯狂传播的故事。通过这个方法，我设计出了下一个大数据故事，一个有关用户名字的故事。

我的一个朋友想让我和一个叫阿莱克希斯（Alexis）的女孩社交。我有礼貌地问道："她喜欢别人叫她昵称莱克希（Lexi）还是全名阿莱克希斯？"她回答道："哦，她其实更喜欢别人喊她莱克希。"我很高兴："太好了！"见我这么兴奋，我的朋友有些惊讶，问道："你为什么要这么问？"我告诉她："好吧，每当你遇到一个名叫莱克希的女孩时，她都很有吸引力。但如果一个女孩用的是全名阿莱克希斯，那很可能就截然相反了。"这个荒谬而且毫无根据的猜测让我对下一个大数据故事有了灵感：某些名字在The Grade上能收到多少"喜欢"评价？

| 最热门的女性名字 | | | | 最热门的男性名字 | | | |
|---|---|---|---|---|---|---|---|
| | 名字 | 男性向右滑动的百分比 | 最佳匹配名字 | | 名字 | 女性向右滑动的百分比 | 最佳匹配名字 |
| 1 | 布里亚纳（Brianna） | 70% | 肖恩（Sean） | 1 | 布莱特（Brett） | 24% | 杰西卡（Jessica） |
| 2 | 艾瑞卡（Erika） | 69% | 乔伊（Joe） | 2 | 泰勒（Tyler） | 23% | 詹妮弗（Jennifer） |
| 3 | 莱克希（Lexi） | 67% | 克里斯（Chris） | 3 | 科瑞（Corey） | 23% | 艾米（Amy） |
| 4 | 布鲁克（Brooke） | 65% | 麦克（Mike） | 4 | 安迪（Andy） | 23% | 玛利亚（Maria） |
| 5 | 瓦内莎（Vanessa） | 65% | 泰勒（Tyler） | 5 | 诺亚（Noah） | 23% | 伊丽莎白（Elizabeth） |
| 6 | 艾普尔（April） | 63% | 汤姆（Tom） | 6 | 尚恩（Shane） | 22% | 泰勒（Taylor） |
| 7 | 娜塔莉（Natalie） | 63% | 乔纳森（Jonathan） | 7 | 杰弗瑞（Jeffrey） | 21% | 米歇尔（Michelle） |
| 8 | 詹纳（Jenna） | 62% | 克里斯托弗（Christopher） | 8 | 罗布（Rob） | 20% | 莎拉（Sarah） |
| 9 | 莫莉（Molly） | 62% | 约瑟夫（Joseph） | 9 | 弗朗克（Frank） | 20% | 史黛芬妮（Stephanie） |
| 10 | 凯蒂（Katie） | 61% | 艾迪（Eddie） | 10 | 杰夫（Jeff） | 20% | 艾米丽（Emily） |
| 11 | 罗拉（Laura） | 60% | 鲍比（Bobby） | 11 | 扎克（Zack） | 20% | 阿曼达（Amanda） |
| 12 | 瑞贝卡（Rebecca） | 60% | 杰瑞米（Jeremy） | 12 | 布兰登（Brandon） | 19% | 丽兹（Liz） |
| 13 | 林茜（Lindsey） | 60% | 丹尼尔（Daniel） | 13 | 尼古拉斯（Nicholas） | 19% | 艾米（Amy） |
| 14 | 泰勒（Taylor） | 59% | 肖恩（Sean） | 14 | 格雷格（Greg） | 19% | 丹妮艾儿（Danielle） |
| 15 | 艾莉（Aly） | 59% | 安德鲁（Andrew） | 15 | 扎克雷（Zachary） | 19% | 珊农（Shannon） |

一开始，我们只是想看看莱克希（Lexi）、艾莉（Aly）、詹妮（Jenny）、马特（Matt）、戴夫（Dave）这样的昵称是不是比赫尔加（Helga）、艾德娜（Edna）、拉尔夫（Ralph）或普罗米休斯（Prometheus）这样的名字更有吸引力。但是，这个故事一再丰富。虽然我不敢说这个故事具有统计学意义，但是它的确引起了大量用户的注意和共鸣。并且，我最初的猜测（名叫莱克希的女孩比名叫阿莱克希斯的女孩听起来更有魅力）被证明是正确的！

根据我们的调查分析，最热门的用户昵称排名如下：

| 最热门的女性名字 | | | 最热门的男性名字 | | |
|---|---|---|---|---|---|
| | 名字 | 男性<br>向右滑动<br>的百分比 | | 名字 | 女性<br>向右滑动<br>的百分比 |
| 获胜 | 艾瑞卡<br>（Erika） | 69.1% | | | |
| | 别称艾瑞加<br>（Erica） | | | | |
| | 瑞贝卡<br>（Rebecca） | | | | |
| 优胜者 | 布里亚纳<br>（Brianna） | 70% | 优胜者 | 布莱特<br>（Brett） | 24% |
| 2 | 艾瑞卡<br>（Erika） | 69% | 2 | 泰勒<br>（Tyler） | 23% |
| 3 | 莱克希<br>（Lexi） | 67% | 3 | 科瑞<br>（Corey） | 23% |
| 4 | 布鲁克<br>（Brooke） | 65% | 4 | 安迪<br>（Andy） | 23% |
| 5 | 瓦内莎<br>（Vanessa） | 65% | 5 | 诺亚<br>（Noah） | 23% |
| 6 | 艾普尔<br>（April） | 63% | 6 | 尚恩<br>（Shane） | 22% |

续表

| 最热门的女性名字 | | | 最热门的男性名字 | | |
|---|---|---|---|---|---|
| | 名字 | 男性向右滑动的百分比 | | 名字 | 女性向右滑动的百分比 |
| 7 | 娜塔莉（Natalie） | 63% | 7 | 杰弗瑞（Jeffrey） | 21% |
| 8 | 詹纳（Jenna） | 62% | 8 | 罗布（Rob） | 20% |
| 9 | 莫莉（Molly） | 62% | 9 | 弗朗克（Frank） | 20% |
| 10 | 凯蒂（Katie） | 61% | 10 | 杰夫（Jeff） | 20% |
| 11 | 罗拉（Laura） | 60% | 11 | 扎克（Zack） | 20% |
| 12 | 瑞贝卡（Rebecca） | 60% | 12 | 布兰登（Brandon） | 19% |
| 13 | 林茜（Lindsey） | 60% | 13 | 尼古拉斯（Nicholas） | 19% |
| 14 | 泰勒（Taylor） | 59% | 14 | 格雷格（Greg） | 19% |
| 15 | 艾莉（Aly） | 59% | 15 | 扎克雷（Zachary） | 19% |

**# 爆炸式增长小贴士77：**你和你的员工有没有读过乔纳·伯格撰写的《传染：流行何以产生》？如果还没有，那就赶快让所有人都读起来！

最后，我们几乎对所有名字对应的“喜欢”概率进行了数据分析。每个人都想知道自己名字的受欢迎程度。也许，他们是想给自己找理由，例如：“你看，我的名字叫米尔豪斯（Millhouse）——这个名字实在没什么吸引力！”或者，一个名叫米尔豪斯的人也许会在看了我们的调查后把名字改成斯通（Stone）、布拉德（Brad）、法比奥（Fabio）或“型男”（Beefcake）。不管怎样，据我们的公关公司称，这篇新闻故事的页面浏览量达到了5亿人次。这种效果已经不能用病毒式传播来形容，也不能称之为“传染”，可以很肯定地说，这种流行规模和速度只能用一发而不可收来形容。

## “绑架”有影响力的知名博客

Refinery 29和《精英日报》（美国的一家在线新闻平台。该网站将其目标受众描写为“千禧一代”）拥有大量女性读者，他们的很多受众也是我们的核心用户：二三十岁的单身女性。这两家刊物有很多关于两性社交的内容，也是我们瞄准的目标媒体，但是他们对我们的报道并不多。

后来，我们举行了一次头脑风暴，想将这两家媒体融入到一个大数据故事中。很快，我们就想出了一个办法——用大数据分析哪些博客的读者最具吸引力。

幸运的是，我们的直觉是正确的。在我们的用户中，Refinery 29和《精英日报》的读者得到“喜欢”评价的概率最高，这说明他们的读者在所有博客的读者中最具吸引力。在发布了这条故事后，Refinery 29和《精英日报》以及我们提及的每一家博客都对这条故事进行了专题报道。

**最有吸引力的单身女性都在看哪些博客?**

| | “喜欢”评价概率 | 用户 | 用户档案评分 |
|---|---|---|---|
| Refinery 29 | 64% | 363 | A+ |
| 《精英日报》 | 60% | 586 | A+ |
| Jezebel<br>(Jezebel是一家面向女性的自由博客。) | 60% | 92 | A |
| 《赫芬顿邮报》<br>(《赫芬顿邮报》[*Huffington Post*]是美国一家新闻网站和博客,有美国国内和国际两个版本,持自由政治立场。) | 58% | 419 | A |
| 《每日邮报》<br>(《每日邮报》[*Daily Mail*]是英国一家小报,成立于1896年,是英国第二大畅销报纸。) | 57% | 64 | A |
| 高客网<br>(高客网[Gawker]是美国一家八卦网站和博客。) | 52% | 141 | A− |
| Mashable | 51% | 360 | A− |
| 《财经内幕》 | 50% | 386 | A− |

# **爆炸式增长小贴士78:**用有趣而正面的方式将你的目标博客或有影响力的网络名人纳入大数据故事,让这些故事为你牵线搭桥。

## 网络名人营销

现在，网络名人营销风靡一时，而且十分有效。为了推广The Grade，我们与YouTube和Instagram上的一些有影响力的名人展开了合作。

他们大多以曝光在线社交中男性的奇怪行为而出名。其中，有一位叫做劳伦·尤拉塞克（Lauren Urasek）的女性，她是在线社交圈子中最有影响力的人物之一，被OKCupid评为最受欢迎的人物（在她自己的书中有相关介绍）。她的观点与我们的定位不约而同，因为她倡导的正是为女性提供更好的在线社交体验。

在接受美国广播公司（ABC）的早间电视节目《早安美国》访问时，她对我们的产品大加赞扬，认为我们是比Tinder更好的选择。节目播出后，The Grade瞬间成为脸书上的排名第一的热门话题、苹果应用商店中搜索量最大的软件，我们更是获得了几千名新增用户。

通过制造大量有争议性的大数据故事、借力知名博客以及与业内网络红人合作，The Grade取得了良好的口碑，并借助口碑实现了增长，而成绩的背后却是微不足道的营销费用。然而，我们的挣扎却从未结束。

因为最后一次融资对公司债务的严格限制，我们的压力与日俱增。一边是旧产品，一边是新产品，我们不断地在收益和增长之间维持着平衡，既要维持AYI的生存，又要为The Grade制造一切可能性。简单来说，我在即刻互动的日子从未轻松过。

# 第十三章
# 重新启动

在我辞去首席执行官、把精力都放到The Grade上来之后，紧接着便发生了一些改变我人生轨迹的事件，我也因此对自己的事业按下了重新启动键。

第一件事情发生在2015年的6月29日，我的父亲——即刻互动的幕后功臣——突然离世了。这件事对我的影响很大，也带给了我很多思考。它让我决定暂停脚步，认真思考生命中真正重要的事情。很快，我便意识到，一份让我热爱、乐在其中的工作不仅是我对自己事业的要求，也是我对自己人生的期待。

## 释放内心的力量

我给自己放了一个短假，哀悼父亲的离开。休假结束后回到办公室，我依旧没有走出悲伤的情绪。这不是一件切换成工作模式就能忘掉的事情。

当然，回来上班后，工作占用了我很大一部分时间，也分散了我的注意力。但是对我来说，父亲是对我的人生影响最大的人，失去了他，我很难集中精力处理公司的事务，继续前行。

这时，我的挚友安德鲁·韦恩莱克建议我去参加托尼·罗宾斯（Tony Robbins）组织的研讨会。安德鲁说，很多年前，正是托尼·罗宾斯的研讨会极大地改变了他的人生。我记得也有其他一些成功人士跟我说过类似的话，所以我觉得可以去试一试。

研讨会的标题为“释放内在力量”。事实证明，这成了第二件改变我人生轨迹、让我决定重新开始的事件。研讨会为期三天，包括很多重要的练习，通过这些练习，我可以让头脑更加清晰、提高注意力、让自己充满热情和活力，最终实现自己的人生目标。

研讨会的第一项练习就是让自己达到巅峰状态，这是一种充满力量而积极向上的思想状态，可以帮助你过上更加称心和充实的生活。单是这一个练习便改变了我的人生，它把我带回到自己那些曾经十分消极的时刻，让我看到消极的心态对自己决策的影响。一旦明白消极的心态会对我的决策产生负面影响，我便意识到，在进行重要决策的时候，一定要让自己达到巅峰状态。突然之间，我感觉自己能够战胜任何事情，受此心态影响，我的决策水平也明显提高了。

达到了巅峰状态后，我开始熟悉托尼所说的“成功的终极秘方”。在这一练习中，我更加充分地探索了自己真正的人生目标和创业热情。通过这一自我发现过程，我预见了自己在接下来的几周、几个月甚至几年中的生活状态。

对未来的预见是一个巨大的自我突破——我看到自己变得越来越不开

心，而且随着时间的推移，这种不开心只会不断加剧。造成这种情况的一个重要原因便是，我不知道我们的公司如何才能重获竞争优势——或者用沃伦·巴菲特的话说，“经济护城河”。作为最早试水脸书平台的公司之一，这几年我们的先发优势已经消磨殆尽，而现在网络效应正在反向作用于我们。没有了那些竞争优势，我们公司的各项数据只能每况愈下。

## 打造护城河

我的一位偶像，沃伦·巴菲特，常常说他只投资有“经济护城河”（economic moat）的公司，也就是有着巨大的竞争优势的公司，而且这些竞争优势不会轻易消失。

经济护城河的类型有很多，包括进入门槛高、用户选用其他产品的切换成本高、知识产权（专利、商标等）、网络效应（例如领英、脸书），等等。这些类型的企业可以持续繁荣很久，一些短期的障碍（无论是自身内部产生的还是经济衰退带来的）也不会威胁到它们的生存，因为它们的利润和市场份额将因其独特的竞争优势而受到保护。

\# **爆炸式增长小贴士79：**你公司的业务是否有一条经济护城河、一个可持续的竞争优势保护？如果还没有，那就赶紧制定计划，打造出一条护城河。

虽然我很享受The Grade的成功，但是公司日益严峻的债务压力却迫使我不得不将之关闭。更让我痛苦的是，另一个事实正逐渐清晰——我们无法将The Grade从公司中分离出去。我心想："这份工作让我再也体会不到一丝乐趣了。"那么，我为什么还要在这里浪费时间呢？

托尼的研讨会使我更加了解自己的创业热情以及热情背后的原因。于是，我知道，是时候采取行动了。我不能再等上几个月和几年时间，而是在自己想明白之后立刻采取行动，以防这股劲头慢慢消退。此外，这个行动必须是改天换地的，只有这样才能顺利实现我的计划。打个比方，一个不能摄入过多咖啡因的人，需要的不是改喝低因咖啡，而是把咖啡彻底戒掉。

与此同时，公司距离债务到期只剩下几个月时间。在重压之下，我做起事来束手束脚，没有任何自由。我仿佛活在别人的怜悯之下，这种仰人鼻息的滋味真不好受。突然之间，我十分清楚自己应该如何去做。

在我们还能掌握自己命运的时候，我必须将公司卖掉。两个星期之后，我遇到了一位银行家，他把我介绍给了Paltalk公司的首席执行官和创始人杰森·卡兹。没想到事情进展得如此之快。在这之前的一年多时间里，我们接触了大量有意收购我们的公司，但是从来没谈成过。也许，是我一直没有做好出售公司的准备。现在看来，我想正是托尼的研讨会让我醒悟过来，并下定决心重新开始。

2016年3月28日，我们第一次开会讨论公司合并事宜，同年10月7日，我们便达成了交易。其实，我很快就知道Paltalk与我们十分契合，因为我们两家公司有着一致的长期愿景。另外，他们公司也位于纽约（而不是硅谷），这让我们之间又立刻增添了一份相互认同。除了地理位置方面的匹配，Paltalk在业内也以注重创新闻名，我们十分重视这一点。他们是网络电话领域的先驱，早在1999年，他们就首次将即时通信与群聊功能相结合。Paltalk拥有世界领先的视频聊天技术，这为两家公司合并又增添了筹码。

# **爆炸式增长小贴士80：**如果你对生活有更大的期待，或者你在为一些烦恼犹豫不前，那么不妨参加托尼·罗宾斯的研讨课程“释放内在力量”。

## 视频的力量

优秀的冰球运动员总是会滑向冰球即将达到的位置等待，而不是冲向冰球现在的位置。具有创新精神的人也有着相同的品质。在我们行业，我们一直相信冰球落地的地方是视频——视频将成为在线通讯的主要方式。没人知道这将在什么时候实现，但是总有某家社交网站将接到这颗冰球，用球杆一路绕开对方重重防守，进球得分。这只是时间问题。

我们一直很清楚，视频将成为在线社交行业的终极战场，因为没有一种通信方式——无论是电子邮件还是电话、消息甚至照片——能将一个人的信息充分传递出来，而视频就将成为最理想的通信方式。

在线社交的一个问题是，你不知道人们有没有对自己的事情说谎，例如身高、体重、发量等。有些照片可能是二十年前拍的，当时，照片里的人还很年轻，体重大概比现在轻30斤，有着浓密的头发。但是，如果是用视频聊天，那人们就很难作假了——这二十年长了多少肉、发际线往后退了多少都能看得清清楚楚。唯一的问题是，现在人们可能还没有完全做好使用视频聊天的准备。

很多年前，安德鲁在创办“六度空间”时就遇到了类似的困境，当时数码相机也没有普及。一些社交网站也尝试着将视频聊天应用到用户体验中，但是总是由于各种原因而不了了之。但是，在过去一年中，情况发生了改变。

现在，在Snapchat（一款“阅后即焚”的多媒体消息应用程序）等软件的带动下，主流大众已经爱上在网上分享视频。30多岁以及更年轻的群体更习惯用视频（而不是照片）记录他们的日常生活。因此，社交网站将视频功能成功融入到用户体验中去只是时间问题——而且是很短的时间。

但是，这对即刻互动来说却是一个问题，因为开发这种技术十分困难，而且成本高，需要消耗大量的时间。而通过与Paltalk合并，所有这些技术、资金、开发时间等问题都解决了，因为Paltalk在视频直播聊天方面已经开发了好几个成功产品——他们已经是专家了。

## 让我们做笔交易吧

不到6个月时间，Paltalk和即刻互动以全股票交易的方式实现了无缝合并。作为交易的一部分，他们同意为我们偿还300万美元的债务，从我们的角度讲，这是十分重要的。合并后的新公司仍然以我们公司的名字“即刻互动”在股票市场公开交易。

在收益方面，Paltalk的规模是我们的两倍多。合并后，Paltalk持股77%，我们持股23%。这样的持股比例自然十分合理。作为交易，我担任新公司的董事会成员，同样加入董事会的还有之前接替我担任首席执行官的亚历山大·哈灵顿，他同时还担任新公司的首席执行官。

我们之间的交易十分直截了当，因为两家公司产品互补，而且都认为视频是社交网站的未来。

### 公司名称要简洁

在我们与Paltalk合并后，Snapchat公司也申请上市了。与此过程中，他们将公司名称从Snapchat改成了Snap股份有限公司（然而，我们公司的正式名称正是Snap Interactive股份有限公司）。当Snap股份有限公司（是不是与我们公司的名字很像？）申请首次公开募股时，他们着实让投资者们慌乱了一阵。估计是投资者们分不清我们两家公司的名字，当时，我们公司的股价居然大幅攀升，从每股4美元一下飙升至每股20美元。自然，这又引发了媒体的疯狂报道，登上了彭博新闻社、美国全国广播公司财经频道、《财富》杂志等媒体的头版头条。

## 第二次欧洲之旅

我的第一次欧洲之旅让我受益匪浅。它让我增长了见识，使我欣赏到世界各地文化的差异和共性。那次旅行实在是太美妙了，我当时就对自己承诺，一定要在30岁之前再去一次。我没有兑现这个承诺，但是年龄只是一个数字，不是吗?

在完成与Paltalk的合并后不久，我又一次登上了飞往欧洲的飞机。这次，我在欧洲待了4个星期，见到了很多有趣的人，兴高采烈地与他们谈天说地。如果我还在公司里苦苦挣扎，可能永远不会有机会遇到他们。结束欧洲之旅后，我回家待了一周，接着又背上行囊踏上了环球之旅。这一走，又是4个星期。

在这两个月的旅行中，我遇到了很多人，听到了各种有趣的想法。我想，我要将旅行列为终生的爱好，从旅行中汲取新鲜的视角，让我的事业更加成功，让我的人生更加美好。

## 下一步计划

自从2005年第一次踏出雷曼兄弟公司的大门后，我经历了很多事情：

- 我有幸与一群杰出、有才华的人共同创业，这带给了我无限的乐趣。
- 我曾在一周时间内赚了7800万美元。
- 没过几年，我把赚的钱全用光了。
- 我的公司登上了很多主流媒体和电视节目的头条。
- 我的公司出现了一头“紫色奶牛”——不，是两头。
- 我被提名为年度企业家。
- 我在纳斯达克敲响了开市的钟声。
- 我好像还拒绝过马克·库班。
- 我读了很多很多的书。
- 我从工作和生活中学到了很多十分宝贵的经验。

虽然我从中学到了很多关于产品发布、打造和优化的经验，但是我认为更重要的是我知道了应该及时止损。我懂得了在创业时要聚焦长期战略，同时不断地创造持久的价值。更具体地说，我的经历教会了我所有这些重要经验：

- 公司规模扩大后应如何创新。
- 打造和维护经济护城河的重要性。
- 制定强有力的公司使命、所有员工都认同的公司愿景，打造健康的企业文化。

- 招聘并留住比普通员工优秀100倍的顶级员工。
- 为了实现最终目标必须保持健康而乐观的心态。
- 债务累积的危险。
- 有机会拿钱时不要犹豫。

最后一条教训来自本书第7章的结尾，那是我们第一次大规模募集资本。我想，这条经验对于那些雄心勃勃的年轻企业家尤其具有重要参考意义。

那次交易之后，即刻互动的股票十分强劲，这股势头一直维持了很长一段时间。事实上，在交易后的第二个月，我们股价比一个月之前翻了一番。甚至在一年之后，我们的股价还维持在交易时的水平，也就是说，当时公司的市值在8000万美元左右。这意味着，我有足够多的时间减持股票套现，但是我并没有这么做。

等到2016年末，我们以全股票交易方式与Paltalk合并时，我们的股价已经比2011年2月15日的最高点每股4.5美元下跌了超过97%。我从未卖出过一股股票，这导致我的账面损失超过了1亿美元。我劝告年轻的创业者不要重蹈我的覆辙，在有机会时减持套现——哪怕只是减持一小部分。

一切过往，皆为序章。虽然即刻互动被并购了，但是新公司的董事会给了我更多施展抱负的机会。我将带着自己学到的、贯穿本书的所有宝贵经验，帮助新公司实现下一阶段的辉煌。

自己创业，通过创新和努力见证公司一步步成长，让公司的产品带给人们更好的生活——这一直是我的理想。相反，我从不希望成天为公司债务担忧或是将自己的命运交到投资者手中。现在，我终于可以自由地、通过新鲜的视角再次打造出与众不同的产品。

很快，我就将利用这11年的知识和经验，带领另一家公司走向更高的高度。与此同时，你可能会发现，我又在我的“新车库”里捣鼓起了什么新玩意儿，研究怎么开发出更好的产品，同时还不忘寻找下一头“紫色奶牛”。

EXPLOSIVE GROWTH

# 附 录

## 我的经验之谈以及对于收购的建议

**作者：杰森·卡兹，Paltalk创始人、首席执行官**

在有线、DSL和Wi-Fi诞生之前，我们使用一种古老的技术与互联网连接。这个技术叫做拨号上网，通过28.8k的调制解调器接入互联网。1998年，手机主要是人们的通话工具，不具备短信功能，Snapchat还是十分遥远的事情。美国在线（AOL，一家位于纽约的门户网站和在线服务提供商）的Instant Messaging（IM）是当时为数不多的即时通信工具之一，当然，大多数人只知道这一个。然而，我立刻就发现了即时通信的价值。一开始，我就知道，即时通信技术将出现在未来每个人的生活中。

有一次，我和朋友准备一起去滑雪，于是我们用Instant Messaging进行联系，安排这次滑雪之旅的行程。在这个过程中，我的“啊哈时刻”击中了我，启发我创建了Paltalk。当时，我正在打字时，我两岁的儿子决定要做好一名蹒跚学步幼儿的本分（谁知道他们是怎么想的）——他忽地往我身上一扑，不让我用手打字。那时，我不由得想到：“为什么我不能用语音来代替打字呢？”

那个时候，所有即时通信工具的默认聊天方式都是打字，而不是语音。于是，我便创立了AVM软件公司，业务便是Paltalk。我用自己的钱支持了公司一年时间，找来了一些很有才华的开发人员，于1999年在CNET.com（美国一家网络媒体）和其他类似网站上发布了免费的Paltalk软件。

我们推出的第一代产品品质很高，可以让世界各地的人们免费通话，因此一经推出便受到了极大欢迎，一下子就火热流行了起来。紧接着，2001年，互联网泡沫破裂。之后，到了2008年，国家经历了次级房地产按揭贷款引发的金融危机。但是，与很多科技公司不同，我们在两次经济风暴的冲击中生存了下来。这是为什么呢？很简单，因为我们能赚钱。

## 学到的教训

**现金流的重要性。**2001年倒闭的互联网公司都是靠付费广告赚钱的。但是我们走了另外一条路，即在软件中加入了订阅元素。用户可以免费下载Paltalk，免费使用Paltalk聊天，以及免费播放自己的视频，但是如果他们想观看其他用户的视频，就必须付费了。从开始到现在，我们一直保留了这种免费增值的收益模式。正是因为有源源不断的收入，所以我们能够完全保持独立。当然，我们也募集了相当数量的风险资本，不过只要我们的软件还在，不管世界正在发生怎样的变化，我们都能依靠自己赚钱。

**本地化。**对于任何一位开发软件的工程师，我都会向他们反复强调一条重要教训：作为美国人，我们总是愚蠢地认为世界上的每个人都会说英语。不，并不是人人都会说英语。事实上，大多数网站都会告诉你，世界上有超过90%的人使用英语以外的语言作为母语。这会让很多美国人目瞪口呆，但这就是事实。了解了这一点，让你的产品本地化就会给你带来巨大的商机，特别是人口众多的发展中国家。几年前，我学到了这条十分宝贵的教训，而且从那以后，本地化推动了公司巨大的增长。

**油门踩到底。**很多年前，我在一个叫做“网络之声”（Voice on the Net）的会议上发言，有位观众向我提问，让我谈一谈对Skype的看法。我没把这个问题当回事，基本上是敷衍了事地回答了这个问题。事实证明，这是一个错误。当时，Skype刚刚发布，而对我不利的是，我还从未听说过它。

大多数人对Skype的看法是什么？大多数人认为，Skype使人们可以通过互联网免费对话。

而Skype实质上做了什么？Skype让互联网作为声音的载体，使世界各地的人们免于支付昂贵的长途电话费。

与美国不同，在世界上的其他地方，打长途电话并不免费，或者说成本不低。虽然我开发了免费的语音聊天软件，但是我忽视了长途电话这一微小细节，所以世界各地的人们选择了Skype。这从另一方面也说明了本地化的重要性，而且本地化指的不仅仅是语言。因此，不要忽略任何与你的行业相关的任何事情，哪怕只有一丁点儿相关。回顾过去，我想我应该更用力地踩下油门，但这在当时并不容易做到。在那样的经济形势之下，世界仿佛在我们的周围崩溃，而我们只是十分庆幸还能掌握自己的命运。尽管如此，我想，我当时还是应该更加努力一些。

## 对于收购的建议

大多数产品在刚刚发布时会经历最早的快速增长，但是在经历了一段复杂的发展过程之后，增长就会出现困难。接下来要做的就是通过收购实现增长，这也是我这些年来收购了好几家公司的原因。

**现金流依然很重要。**企业会使出浑身解数以凸显自己的特色，让公司更容易被收购。而现金流可能是其中最好的方式。收购一家拥有良好现金流的公司就像买了一只蓝筹股。但是，如果我收购的公司不能产生收益，那么我最好做好长期投资的准备，而且我最好坚信这家公司早晚会给我的投资带来回报。

**低风险与高回报。**另一种对收购者很有吸引力的是那些开支很少或者它的产品不错、有扩展空间的公司。换句话说，就是收购者可以用很小的投资换来极大的回报。例如，我曾经收购过一家名为Vumber的公司，它每个月的收益只有7500美元，但是被我用10万美元就收购了。现在，这家公司每月盈利约6万美元，所以这个例子说明，用很少的成本收购一家有上涨空间的公司也不失为一种好办法。

**法律事务不用愁。**在实施并购或收购过程中，总会产生高额的法律费用。在创业初期，我很幸运，因为自己的律师教育背景，我从一开始就知道企业的创办和运营将产生大笔法律费用。一有法律工作要完成，我就得请来律师。问题是，我并没有那么多钱次次给律师支付费用。于是，我去了一家律师事务所，向他们提供了一小部分股权，与他们交换法律服务。

其次，当我们进行并购或收购时，这家律师事务所同意，他们会给并购或收购设置法律费用上限。在初创企业极不稳定的早期发展阶段，这种“以物易物”的方法可以帮他们省下一大笔钱。

## 为什么我要收购它们？——我的最大收购案

HearMe是我收购的第一家公司，这是一项资产收购。它给我带来了很好的收益，但是这并不是我收购它的原因。我买它是因为它拥有创新、新颖的知识产权，而且入手价格很低。这项收购的关键在于其时机，那是2001年12月，世界正在经历互联网泡沫的破裂。我们用现金购买了这些资产，当时似乎没有任何其他人愿意这么做。HearMe是互联网泡沫破裂的牺牲品，当时他们正在清算资产。这是数亿美元的风险投资才生产出来的少见的优质资产，很显然，我们才是这场收购的受益者。

Camfrog是我的第二次重大收购。这是一个很容易的决定，因为它没有市场营销开支——现在还是没有——而且它能产生收益。他们拥有良好的现金流，正如我在上文所说，这是我每次收购时都会考虑的重要因素。

这次并购过程中发生了一件趣事。在我们接手时，他们正在向用户出售终身有效的订阅服务。我可不喜欢这个主意，而是更希望每年都有稳定的收益进账。如果用户群购买了终身有效的订阅服务，那么我们日后的续订用户就会很少了。在完成并购后，我们立刻停止了终身有效订阅服务，这让我们的用户群很不满，但是我们还是培育了当前这一代付费用户。因此，我们对当时的决定十分欣慰。

Vumber严格来说是一次技术交易。他们的技术可以使用户在不更换

SIM卡的情况下，在同一台手机上使用不同的手机号码。这也是他们起名Vumber的原因——它是“虚拟”（Virtual）和“号码”（Number）两个单词的结合。我立刻就爱上了这项技术，因为我知道它想解决什么问题。一家公司所在地的区号是212（纽约市），但是他们希望自己是加利福尼亚的公司，因此想弄一个213开头的号码。在社交方面，虚拟号码也是人们保护隐私的好方法。特别是，为了社交，有些人会另外使用一个社交专用的手机号码，这样他们就可以不必将自己的真实手机号码透露给那些不熟悉的人。

即刻互动给Paltalk的股东们提供了资产变现的机会，因为他们是一家上市公司。并购后的新公司符合我们的商业计划，给股东们带来了很大的好处。虽然Paltalk在赚钱、股息分配方面一直表现不错，而且进入股市也有了很长一段时间，但是我们的股票并没有一个真正的、现成的市场，直到收购即刻互动。不过，这次并购的最主要原因还是我们是各自领域的技术先驱和创新者。两家公司都在纽约，只相隔几个街区，都认为视频技术是推动行业未来发展的动力，再加上我们之间拥有大量互补的平台和专有的视频直播技术——这就是所谓的互利共赢。

“欧洲彼得·林奇” 首次亲述他管理的基金和投资哲学

# INVESTING WITH ANTHONY BOLTON

## 股神安东尼·波顿近 30年 投资生涯小传

THE ANATOMY OF A STOCK MARKET WINNER

- 投资专家、《赚钱大师》《约翰·邓普顿的投资之道》作者、知名财经作家
- 乔纳森·戴维斯给出专业的中肯评论 全面修订版首次面世

2018年ZUI受关注的股票投资佳作

QUANTITATIVE MOMENTUM

# 构建量化动量选股系统的实用指南

将动量投资策略从华尔街带到了个人投资者手中的DI一书

一个经过时间考验和严谨的学术论证的系统性投资策略

帮助价值投资者发现有依据的动量选股信号

丰富、平衡、优化投资组合，获得超额收益